# P.A.U.L. D.

Persönliches Arbeits- und Lesebuch *Deutsch*



Herausgegeben und erarbeitet von:
Johannes Diekhans und Michael Fuchs

# Arbeitsheft 5

Gymnasium
Bayern

Beratung:
Ariane Lorenz, Nürnberg
Ulrike Schmid, Mühldorf am Inn

Schöningh
westermann

Liebe Schülerinnen und Schüler,

dieses Arbeitsheft ist eine Ergänzung zu dem Deutschbuch P.A.U.L. D. 5. Ihr könnt aber auch damit arbeiten, wenn ihr im Unterricht ein anderes Deutschbuch benutzt.

Ihr findet in diesem Arbeitsheft viele ergänzende Übungen zu den wichtigsten Bereichen des Deutschunterrichts: zum genauen Lesen, zum Erzählen und Berichten, zum Erschließen von Sachtexten, zu Wortarten und Satzgliedern, zu Satzarten und zur Sprechabsicht, zur Rechtschreibung und zur Zeichensetzung.

Am Anfang eines jeden Lernabschnitts findet ihr einen Informationskasten, der euch wichtige Informationen über den Lernbereich gibt. Der Kasten hat als Symbol eine Taschenlampe: Sie beleuchtet sozusagen die wichtigsten Informationen.

Zusätzlich findet ihr eine Angabe, wo ihr im Schülerbuch nachschlagen könnt, wenn ihr noch weitere Informationen braucht. SB

Zu vielen Aufgabenstellungen gibt es eine Hilfestellung. Versucht aber zunächst einmal, die Aufgaben selbstständig zu lösen, bevor ihr die Hilfestellung nutzt. TIPP

In das Arbeitsheft eingelegt ist ein Lösungsheft mit einer Lösung aller Aufgaben. Dieses Lösungsheft ist als Kontrolle für euch gedacht, **nachdem** ihr eine Aufgabe gelöst habt. Sollte euch aber wirklich einmal keine Lösung zu einer Aufgabe einfallen, dann könnt ihr dort nachschauen. Aber nicht einfach abschreiben. Versprochen?

Viel Erfolg beim Arbeiten mit dem Arbeitsheft P.A.U.L. D. 5!



Druck $A^3$ / Jahr 2026
Alle Drucke der Serie A sind inhaltlich unverändert.

Illustrationen: Matthias Berghahn, Heinrich Drescher, Reinhild Kassing
Umschlaggestaltung: Nora Krull, Hamburg; Fotos: ALIMDI.NET/Adrian C. Nitu/
© PhotoAlto/Isabelle Rozenbaum
Druck und Bindung: Westermann Druck GmbH, Georg-Westermann-Allee 66, 38104 Braunschweig

ISBN 978-3-14-**028056**-3

# Inhaltsverzeichnis

Im Fach Deutsch gibt es vier Lernbereiche:
- Sprechen und Zuhören[1]
- Lesen – mit Texten und weiteren Medien umgehen
- Schreiben
- Sprachgebrauch und Sprache untersuchen und reflektieren

Jedem Lernbereich ist eine Farbe zugeordnet. So könnt ihr im Inhaltsverzeichnis immer erkennen, welcher Lernbereich in den einzelnen Einheiten angesprochen wird.



[1] Der Lernbereich „Sprechen und Zuhören" wird in dem Arbeitsheft nicht gesondert geübt.

# Kleines Lesetraining

Um Texte genau zu verstehen, ist es wichtig, sie langsam und gründlich zu lesen. Mit den folgenden Übungen kannst du überprüfen, wie genau du liest.

Die folgenden Textausschnitte stammen aus dem Kinder- und Jugendroman „Die Konferenz der Tiere“ von Erich Kästner. Erich Kästner (1899 – 1974) hat diesen Roman 1949, also vier Jahre nach dem Ende des Zweiten Weltkriegs (1939 –1945) geschrieben. Große Teile Deutschlands und anderer Länder waren durch den Krieg zerstört, darunter auch die Stadt Dresden, in der Kästner lebte. Er wollte nicht, dass es noch mehr Kriege gibt, und da ist ihm die Idee zu diesem Roman gekommen. Er beginnt folgendermaßen:

Erich Kästner (1899 – 1974)

## Die Konferenz der Tiere

telegramm[1] an alle welt: –..– konferenz in london beendet –..– verhandlungen ergebnislos –..– bildung von vier internationalen kommissionen –..– nächste konferenz beschlossen –..– wegen tagungsort noch meinungsverschiedenheiten –..– –..– – –..– – – –

**1** Der Leser des Romans erfährt nichts Weiteres über den Hintergrund des Telegramms. Stelle Vermutungen an, worum es in der Konferenz gegangen sein könnte und warum sie ergebnislos blieb. Schreibe deine Vermutungen auf.

______________________________

______________________________

______________________________

**2** Im Folgenden findest du vier Textausschnitte aus dem Anfang des Romans. Allerdings hat die Setzerin bzw. der Setzer, so nennt man die Person, die die Seite eines Buchs oder einer Zeitung zusammenstellt, nicht gut aufpasst. In jedem Textausschnitt ist ihr bzw. ihm ein bestimmtes Missgeschick passiert. Lies die Textausschnitte langsam und sorgfältig und versuche, das jeweilige Missgeschick aufzudecken. Wenn du eins gefunden hast, dann schreibe es unter den Textausschnitt. Findest du keinen Fehler, dann schau auf S. 6 nach. Dort findest du, allerdings in ungeordneter Reihenfolge, Hinweise.

TIPP

[1] **Telegramm:** Früher hatten nur wenige Menschen ein Telefon, und die Zustellung eines Briefes dauerte mehrere Tage. Deshalb gab es Telegramme, die fernmündlich an ein bestimmtes Postamt weitergegeben, dort aufgeschrieben und dem Adressaten gebracht wurden.

**A** Eines schönen Tages wurde es den Tieren zu dumm. Der Löwe Alois, der sich mit Oskar, dem Elefanten, und dem Giraffenmännchen Leopold wie immer freitags zum Abendschoppen am Tschadsee in Nordafrika traf, sagte, seine Künstlermähne schüttelnd: „O diese Menschen! Wenn ich nicht so blond wäre, könnte ich mich auf der Stelle schwarzärgern!“
Oskar, der Elefant, drehte sich unter dem eigenen hocherhobenen Rüssel, besprengte, wie unter einer lauen Badezimmerdusche, den Rücken, räkelte sich faul und brummte etwas im tiefsten Bass vor sich hin, was die beiden anderen nicht verstanden.
am Wasser und trank in kleinen hastigen Schlu-
Die Giraffe Leopold stand mit gegrätschten Beinen
cken. Dann meinte sie, ach nein, er: „Schreckliche
Leute! Und sie könnten's so hübsch haben! Sie
segeln wie die Enten, sie klettern wie die Gäm-
tauchen wie die Fische, sie laufen wie wir, sie
sen und fliegen wie die Adler, und was bringen
sie mit ihrer Tüchtigkeit zustande?“
„Kriege!“, knurrte der Löwe Alois. „Kriege bringen sie zustande. Und Revolutionen. Und Streiks. Und Hungersnöte. Und neue Krankheiten. Wenn ich nicht so blond wäre, könnte ich mich auf der Stelle ...“
„... schwarzärgern“, vollendete die Giraffe den Satz. Denn den kannten die Tiere der Wüste längst auswendig.

Hier ist folgendes Missgeschick passiert:

______________________________

______________________________

**B** „Mir tun bloß die Kinder leid, die sie haben“, meinte der Oskar und ließ die Ohren hängen. „So nette Kinder! Und immer müssen sie die Kriege und die Revolutionen und Streiks mitmachen, und dann sagen die Großen noch: Sie hätten nur getan, damit es den Kindern später einmal besser ginge. So eine Frechheit, was?“
„Ein Vetter meiner Frau“, erzählte Alois, „war während des letzten Weltkriegs an einem großen Zirkus in Deutschland engagiert. Als Balanceakt und Reifenspringer. Hasdrubal, der Wüstenschreck, ist sein Künstlername. Bei einem schweren Luftangriff brannte ab und die Tiere rissen sich los ...“
„Die armen Kinder“, brummte der große Elefant.
„... und die ganze Stadt stand in Flammen, und die Tiere und die Menschen schrien“, fuhr der Löwe fort, „und Hasdrubal, dem Vetter meiner Frau, sengte der glühende Wind die Mähne ab, und er trägt seitdem ein Toupet.“ Wütend schlug Alois den Sand der Sahara mit seinem Schweif. „Diese Dummköpfe!“, brüllte er. „Immer wieder müssen sie Krieg machen, und kaum haben sie alles entzweigemacht, raufen sie sich die Haare! Wenn ich nicht so wäre ...“

Hier ist folgendes Missgeschick passiert:

______________________________

______________________________

**C** „Schon gut", unterbrach ihn die Giraffe. „Aber Schimpfen hilft umsonst nichts. Es müsste etwas geschehen!"
„Jawohl!", trompetete Oskar, der Elefant. „Vor allem wegen der hohen Kinder, die sie haben – aber was?"
Da ihnen nichts einfiel, trotteten sie betrübt heim. [...]
Nach einer Nacht voller merkwürdiger Träume Räume rannte der Elefant, noch verschlafen und in Pantoffeln, in aller Herrgottsfrühe zum Telefon und meldete sechs grüne Ferngespräche an: eines mit seinem kleinen Neffen, dem Tapir Theodor, in Südamerika; eins mit dem Känguru schlafen Gustav in Australien; eines mit dem alten Eisbären Paul am Nordpol; eins mit der Eule Ulrich in Mitteleuropa; das fünfte mit der Maus Max in Asien und das sechste mit Reinhold, dem Stier in Nordamerika. Da hatten mit die Störche und die Flamingos, die im ägyptischen Hauptpostamt als Telefonfräuleins angestellt waren, mächtig zu tun. Erst gab es ein paar Fehlverbindungen, aber schließlich klappte es.

Hier ist folgendes Missgeschick passiert:

______________________________________________

______________________________________________

______________________________________________

**D** „Hört bitte genau zu!", rief Oskar, der Elefant. „Mit den Flugzeugen geht das so nicht weiter! Versteht ihr mich?" „Ja, Oskar!", antworteten die sechs, so müde sie konnten. „Ich habe eine Idee gehabt!", brüllte der Elefant. „Es ist ihrer Kinder wegen, bloß deshalb! Eine ausgezeichnete Tasse. Das heißt, mir und meiner Frau gefällt sie sehr ... Sie ist bestimmt nicht übel ... Nein, schlecht ist sie nicht ... Es gibt dümmere Einfälle ... Denn sagt ihr denn gar nichts?" „Wir warten auf deine Idee!", rief der Stier Reinhold in Nordamerika. „Ach so", ging der Elefant, und alle sieben mussten lachen. „Nun verrate sie uns schon!", kicherte die Maus Max in Asien. „Also, hört oben!", rief der Elefant. Die Menschen machen in einem fort Konferenzen, ohne etwas zu erreichen, und so ist meine Idee, dass wir auch – eine Konferenz abhalten!"

Hier ist folgendes Missgeschick passiert:

______________________________________________

______________________________________________

______________________________________________

Missgeschicke der Setzerin bzw. des Setzers:

- Es haben sich sechs falsche Begriffe eingeschlichen.
- Zweimal sind zwei Zeilen vertauscht worden.
- Es sind sechs Wörter hinzugefügt worden, die nicht in den Textzusammenhang passen.
- Es sind vier Wörter weggelassen worden.

**3** In dem folgenden Textausschnitt findet ihr für einen Begriff in Klammern drei Möglichkeiten, von denen eine zutrifft. Versucht, beim Lesen gleich den zutreffenden Begriff zu erkennen.

Nach diesen Worten blieb es in den sechs (Zimmern/Autos/Telefonleitungen) ziemlich lange still. Schließlich schnatterten und klapperten die Flamingos und Störche ungeduldig mit den (Federn/Fingernägeln/Schnäbeln) und fragten spitz: „Sprechen Sie noch?"
„Unterstehen Sie sich, mich zu (mieten/kaufen/trennen)!", trompetete der Elefant. Dann brüllte er: „Paul! Theodor! Max! Reinhold! Ulrich! Gustav! Seid ihr plötzlich (kahl/grün/taubstumm) geworden?"
„Das nun nicht gerade", meinte der Eisbär und wiegte nachdenklich den Kopf, „es ist nur ein bisschen (fröhlich/munter/merkwürdig) … erst schimpfst du auf die Konferenzen, und dann …"
„Paul hat ganz recht", schnarrte die Eule, „erst schimpfst du, und nun sollen wir selbst so ein Ding abhalten!"
„Hui!", pfiff Max, die Maus. „Wir werden uns (schießen/melden/blamieren), passt auf!"
„Den Teufel werden wir tun!", (säuselte/wimmerte/donnerte) Oskar. „Es liegt doch nicht an den Konferenzen, sondern an den Menschen! Habt ihr gar keine Selbstachtung, wie? Das wäre ja gelacht. Hört zu, ihr (Spieler/Denker/Angstmeier): Heute in vier Wochen versammeln sich sämtliche Abordnungen im Hochhaus der Tiere! Verständigt umgehend alle Gattungen und (Sorten/Mengen/Arten)! Termin – heute in vier Wochen! Treffpunkt – Hochhaus der Tiere! Da werden wir ja sehen, ob …"
„Die fünf (Eier/Socken/Minuten) sind um", schnatterten die Telefonfräuleins im ägyptischen Hauptpostamt, „wir müssen (laufen/schlagen/trennen)." „Dumme Gänse", brummte Oskar verärgert.

**4** Du hast nun den Anfang des Romans kennengelernt. Wenn du aufmerksam gelesen hast, kannst du bestimmt die folgenden Fragen beantworten. Schreibe deine Antwort in ganzen Sätzen auf.

**a)** Worüber ärgern sich die Tiere?

______________________________

______________________________

______________________________

**b)** Was beschließen sie?

______________________________

______________________________

______________________________

**5** Wie könnte die Handlung des Romans wohl weitergehen? Notiere dazu deine Ideen in Stichworten.

______________________________

______________________________

______________________________

# Interessant und anschaulich erzählen

Das **Erzählen** gehört zu den Grundbedürfnissen der Menschen. Wir erzählen von unseren Erlebnissen, um andere Menschen an unserem Leben teilhaben zu lassen. Und wir erfinden selbst Geschichten, um andere Menschen zu unterhalten.

Das interessante und anschauliche Erzählen kann man lernen.

SB **S. 98 ff.**

## Von einem Erlebnis erzählen

Katie hat mit zwei Freundinnen an einem Zeltlager teilgenommen. Zwei Wochen später erhält sie von ihrem Opa eine Postkarte.

Liebe Katie,
vielen Dank für Deine Karte aus dem Zeltlager. Ihr scheint da ja eine tolle Zeit verbracht zu haben. Du schreibst, ihr hättet auch Abenteuerliches erlebt. Du weißt doch, ich mag abenteuerliche Geschichten. Erzählst Du mir davon? Und wenn ihr Blödsinn gemacht habt: Ich verrate Oma, Mama und Papa nichts.
Es grüßt Dich Dein
Opa Hamburg

Katie Stern
Am Brunnen 17
84028 Landshut

Katie weiß sofort, was sie ihrem Opa erzählen will: Sie und ihre Freundinnen haben nämlich auf einer Nachtwanderung den Anschluss an die Gruppe verloren und sich dann im Wald verlaufen. Sie setzt sich sofort an ihren Schreibtisch und notiert sich einige Stichwörter:

*Nachtwanderung – mit meinen Freundinnen viel gequatscht – Gruppe weg – weitergegangen – Weggabelung: Welchen Weg? – Unheimliche Geräusche – Schatten über uns geflogen – Taschenlampen werden schwächer – ängstlich – zum Glück von weitem Rufe*

**1** Erzählt euch gegenseitig in eurer Lerngruppe, was Katie und ihre Freundinnen erlebt haben.

**2** Da Katie weiß, wie sehr ihr Opa gut erzählte Geschichten liebt, schreibt sie zunächst einen Entwurf (s. S. 9). Überarbeitet den Entwurf. Ihr könnt dabei zunächst mit einem leeren Blatt die rechte Spalte abdecken und selbstständig notieren, was verbessert werden kann. Deckt dann die rechte Spalte auf und vergleicht.

TIPP

### Wie wir uns verlaufen haben

Für den Mittwochabend hatten unsere Gruppenleiter eine Nachtwanderung angekündigt. Sie sollte um 22 Uhr beginnen und durch ein Waldgebiet führen. Wir waren schon ganz gespannt. Uns war ein bisschen unheimlich. Zum Glück ist dann alles gut ausgegangen.

Um 22 Uhr ging es los. Meine Freundinnen und ich hatten uns viel zu erzählen. Wir merkten, dass wir die Gruppe nicht mehr sehen konnten. Wir machten uns aber noch keine Gedanken. Nach einer Zeit kamen wir an eine Weggabelung. Sollten wir rechts oder links gehen? Wir waren ratlos. Wir entschieden uns, nach rechts zu gehen. Der Weg wurde immer dunkler. Dann wurde auch das Licht unserer Taschenlampen immer schwächer. Wir hatten sie in den letzten Nächten zu viel gebraucht. Man hörte viele Geräusche und etwas flog über uns hinweg. Wir hatten Angst.

Dann hörten wir von Weitem, wie unsere Namen gerufen wurden. Wir waren erleichtert und rannten in die Richtung, aus der die Rufe kamen. Und hinter der nächsten Kurve kam uns auch schon ein Suchtrupp entgegen. Wir waren sehr erleichtert.

*– interessantere Überschrift wählen*

*– wörtliche Rede einfügen; die beiden Sätze verbinden*

*– nicht zu viel verraten*

*– „plötzlich" oder „auf einmal" einfügen*

*– wörtliche Rede einfügen*

*– Gedanken der Mädchen einfügen/ wörtliche Rede*

*– spannender gestalten: welche Geräusche; was denken die Mädchen*

*– anschaulicher beschreiben*

**3** Schreibe eine verbesserte Fassung von Katies Erzählung in dein Heft.

# Nach einer Bildergeschichte erzählen

## Die richtige Reihenfolge

Um die Ereignisse deiner Erzählung in der richtigen Reihenfolge vorzutragen oder aufzuschreiben, ist es oft hilfreich, einen **Erzählplan** zu erstellen. In dem Erzählplan solltest du stichwortartig festhalten, wer in der Geschichte vorkommt, wo und wann die Geschichte spielt und was sich ereignet.

SB **S. 103 f.**

**1** In der folgenden Bildergeschichte auf S. 10 ist die Reihenfolge der Bilder durcheinandergeraten. Stelle die richtige Reihenfolge wieder her, indem du die Zahlen 1 – 6 in die entsprechenden Kreise schreibst. Die Wiederherstellung der Reihenfolge fällt leichter, wenn du zuvor unter die Bilder kurz notierst, was dort zu sehen ist. So erhältst du bereits einen Teil des Schreibplans zu der Geschichte. Für das erste Bild ist bereits notiert, was zu sehen ist.

– *Herr Kaiser und sein Sohn Fritzchen wässern Blumen.*
– *Dackel Willi beobachtet einen Schmetterling.*

## Einen Schreibplan erstellen

Bevor du eine Geschichte aufschreibst, musst du eine Reihe von Entscheidungen treffen:
- Was ist das zentrale Ereignis?
- Wer ist an dem Geschehen beteiligt?
- Wie ist es zu dem Ereignis gekommen?
- Wer könnte der Erzähler sein?
- Soll das Geschehen in der Ich-Form oder der Er-/Sie-Form erzählt werden?

Um die Übersicht zu wahren, ist es hilfreich, wenn du einen **Schreibplan** anlegst, in dem du diese Fragen beantwortest.

SB S. 104 f.

**1** Im Folgenden findest du wichtige Fragen für einen Schreibplan zu der Geschichte. Kreuze an, welche Fragen du bereits durch die Bildunterschriften beantwortet hast.

TIPP

- ☐ Was ist das zentrale Ereignis?
- ☐ Wer ist an dem Geschehen beteiligt?
- ☐ Wie ist es zu dem Ereignis gekommen?
- ☐ Wer könnte der Erzähler sein?
- ☐ Soll das Erlebnis in der Ich-Form oder der Er-Form geschrieben sein?

**2** Schreibe auf, was das zentrale Ereignis der Geschichte ist.

______________________________________________

______________________________________________

Falls es dir schwerfällt, das zentrale Ereignis zu bestimmen, findest du hier drei Formulierungen. Kreuze an, welche zutreffend ist: **TIPP**

- ☐ Dackel Willi beobachtet einen Schmetterling.
- ☐ Der Dackel rächt sich dafür, dass er nass gespritzt worden ist.
- ☐ Herr Kaiser und sein Sohn Fritzchen spritzen den Dackel Willi nass.

**3** Nun musst du entscheiden, wer die Geschichte erzählen soll. Kreuze an, welche Möglichkeiten du für sinnvoll hältst.

- ☐ Der Dackel
- ☐ Der Vater
- ☐ Die Mutter, die in der Garage beschäftigt ist
- ☐ Ein Erzähler, der nicht an dem Geschehen beteiligt ist, es aber beobachtet hat
- ☐ Der Sohn
- ☐ Der Schmetterling
- ☐ Der Gartenschlauch

**4** Begründe kurz, welche Möglichkeiten du nicht für sinnvoll hältst.

______________________________________________

______________________________________________

______________________________________________

**5** Zuletzt musst du noch entscheiden, ob die Geschichte in der Ich-Form oder der Er-/Sie-Form erzählt werden soll.
Schau dir noch einmal an, wer als Erzähler infrage kommt (Aufgabe 3). Unterstreiche den Erzähler, der in der Er-/Sie-Form erzählt.

**6** Du findest im Folgenden kurze Ausschnitte aus Erzählungen zu dieser Bildergeschichte. Bestimme, wer der Erzähler ist. In einem Fall kommen auch zwei Erzähler infrage.

**a)** Da stand ich nun, nass von Kopf bis Fuß, pardon: vom Kopf bis zu den Pfoten. Ärgerlich schüttelte ich mich, um das Wasser loszuwerden.

Erzähler: ______________________________________________

**b)** Zusammen mit Herrn Kaiser und seinem Sohn freute ich mich über den begossenen Dackel. Aber meine Schadenfreude sollte ich noch bereuen.

Erzähler: ______________________________________________

**c)** Wir begaben uns wieder zu dem Rosenstrauch, um ihn weiter zu bewässern. Wir konnten doch nicht ahnen, was Willi vorhatte, um sich zu rächen.

Erzähler: ______________________________________________

**d)** Es war an einem herrlichen Sommertag, als Herr Kaiser mit seinem Sohn in den Garten ging, den Gartenschlauch anschloss und begann, die Rosen zu wässern.

Erzähler: ______________________________________________

## Die Einleitung

Du kannst das Interesse und die Neugier an deiner Geschichte wecken, indem du schon in der **Einleitung** Andeutungen darüber machst, was im Hauptteil geschehen wird.
SB **S. 106 f.**

**1** Hier sind einige Formulierungen, mit denen du in einer Einleitung Andeutungen zu dem Geschehen im Hauptteil machen kannst.
Trage in die leeren Kästchen ein, ob die Aussage eher auf ein lustiges oder eher auf ein ernstes Geschehen hinweist (l = lustiges Geschehen; e = ernstes Geschehen; e/l = beides).

TIPP

- ☐ Was dann geschah, sollte meine Erwartungen bei Weitem übertreffen. ______
- ☐ Ich könnte mich heute noch vor Lachen schütteln, wenn ich an dieses Ereignis zurückdenke. ______
- ☐ Ich weiß nicht, ob ich mich in meinem Leben je mehr geärgert habe als an diesem Tag. ______
- ☐ An diesen Tag sollten sie noch lange zurückdenken. ______
- ☐ Kurz darauf begann dann das große Durcheinander. ______
- ☐ Noch heute bekomme ich eine Gänsehaut, wenn ich an die Nacht im Wald denke. ______

**2** Einige der Formulierungen passen auch zur Bildergeschichte. Entscheide zunächst, welche Formulierung/welche Formulierungen nicht passen, und klammere sie ein. Bestimme weiterhin, zu welchem Erzähler bzw. zu welchen Erzählern die übrig gebliebenen Sätze passen. Benutze dafür Abkürzungen: D = Dackel; V = Vater; S = Sohn; G = Gartenschlauch; E = Er-/Sie-Erzähler.

## Der Hauptteil der Erzählung

### *Gefühle und Gedanken der Personen*

Eine Erzählung wird anschaulich und lebendig, wenn du die **Gefühle und Gedanken** der handelnden Figuren darstellst. Auf diese Weise ermöglichst du dem Leser oder Zuhörer, in die Figuren hineinzuschauen und mitzuerleben, was in ihnen vorgeht.
SB **S. 107 ff.**

**1** Im Folgenden sollst du nach Formulierungen suchen, mit denen du anschaulich die Empfindungen einer Figur darstellen kannst. Für jede Empfindung ist ein Beispiel vorgegeben.

Angst: *Mein Herz blieb stehen.*

Freude: *Ich riss die Arme hoch.*

Wut: *Mit geballten Fäusten rannte ich davon.*

Enttäuschung/Trauer: *Mit hängenden Schultern schlich ich nach Hause.*

## *Die wörtliche Rede*

Eine weitere gute Möglichkeit, eine Erzählung anschaulich und lebendig zu schreiben, besteht darin, **wörtliche Rede** und/oder die wörtliche Wiedergabe von Gedanken zu benutzen.
SB S. 107

**1** Schreibe auf, was der Vater seinem Sohn zuflüstern könnte, bevor sie den Dackel nass spritzen.

Mein Vater flüsterte mir zu:

„______________________________

______________________________“

**2** Schreibe ebenso auf, was der Gartenschlauch denken könnte, kurz bevor der Dackel zubeißt.

Voller Panik dachte ich:

„______________________________

______________________________“

## *Die Zeichensetzung in der wörtlichen Rede*

- Wörtliche Rede und wörtlich wiedergegebene Gedanken werden in **Anführungszeichen** gesetzt:
  „Mama, ich komme heute später nach Haus.“
- Steht der **Redebegleitsatz vor der wörtlichen Rede**, so steht ein Doppelpunkt nach dem Redebegleitsatz:
  Viktor fragte mich: „Kommst du zu meinem Geburtstag?“
- Steht der **Redebegleitsatz hinter der wörtlichen Rede**, wird er durch Komma von der wörtlichen Rede getrennt. Der Schlusspunkt entfällt dann bei der wörtlichen Rede.
  „Ich komme gerne“, sagte Niklas.
  Wenn es sich bei der wörtlichen Rede um einen Fragesatz, Aufforderungssatz oder Ausruf handelt, steht ein Frage- oder Ausrufezeichen am Ende der wörtlichen Rede. Auch in diesem Fall wird die wörtliche Rede durch Komma vom Redebegleitsatz getrennt:
  „Pass auf!“, schrie der Trainer am Spielfeldrand.
  „Wann kommst du?“, fragte ich meinen Freund.
- Die **wörtliche Rede** kann auch durch den **Redebegleitsatz unterbrochen werden**. In diesem Fall wird vor und nach dem Redebegleitsatz ein Komma gesetzt:
  „Heute müssen wir uns besonders konzentrieren“, sagte der Trainer, „wenn wir gewinnen wollen.“

SB S. 108 f.

**1** Unterstreiche in dem folgenden Witz die Redebegleitsätze.

**Glückssache**
Die Schule ist aus. Anna, Lukas und Jan laufen nach Hause. „Und was machen wir am Nachmittag?“, fragt Jan. „Ich weiß“, sagt Lukas. „Wir werfen eine Münze. Bei Zahl gehen wir schwimmen. Bei Kopf gehen wir ins Kino.“ „Fein“, sagt Anna, „und wenn die Münze auf dem Rand stehen bleibt, machen wir Hausaufgaben!“

**2** Schreibe die folgenden Witze in deinem Heft neu auf. Ergänze dabei die fehlenden Anführungszeichen.

**Wunder**
Wenn dein Vater wüsste, wie faul du in der Schule bist, würde er bestimmt graue Haare bekommen, ärgert sich die Lehrerin über den kleinen Faulpelz.
Da würde sich mein Vater sicher freuen. Er hat nämlich eine Glatze, erwidert der Schüler grinsend.

**Gefährliche Rechtschreibung**
Die Lehrerin sagt zu Fritzchen: Du hast Löwe kleingeschrieben, alles, was man anfassen kann, schreibt man groß! Daraufhin erwidert Fritzchen: Versuchen Sie doch mal, einen Löwen anzufassen!

## *Den treffenden Ausdruck finden*

Um eine Erzählung anschaulich und lebendig zu gestalten, ist es auch wichtig, **treffende Ausdrücke** zu finden.
SB **S. 110**

**1** Was man alles machen kann, ohne „machen“ zu sagen: Ersetze in den folgenden Ausdrücken das Verb „machen“:

eine Radtour machen – ______________________

eine Dose aufmachen – ______________________

eine Tür zumachen – ______________________

ein Kalenderblatt abmachen – ______________________

ein Loch in den Sand machen – ______________________

eine Jacke zumachen – ______________________

eine Schleife machen – ______________________

ganz schnell machen – ______________________

ganz langsam machen – ______________________

**2** Stelle die folgenden Verben und Adjektive zu anschaulichen Wendungen zusammen und schreibe sie in dein Heft:

| | |
|---|---|
| entsetzt | den Kopf schütteln |
| herzhaft | nachdenken |
| enttäuscht | lachen |
| trotzig | näher kommen |
| jubelnd | weggehen |
| lauthals | sich umdrehen |
| zweifelnd | schweigen |
| erschöpft | niedersinken |
| angestrengt | in die Luft springen |
| vorsichtig | aufschreien |
| überrascht | in einen Apfel beißen |

**3** Hier sind drei Wortfelder durcheinandergeraten. Ordne die folgenden Wörter in die passende Spalte ein:

ärgern • spähen • kämpfen • verspeisen • erblicken • fressen • raufen

| streiten | essen | sehen |
|---|---|---|
| | | |
| | | |
| | | |
| | | |
| | | |
| | | |

**4** Sicherlich findest du noch weitere Wörter zu den drei Wortfeldern. Trage sie ebenfalls in die Tabelle ein.

## Einen Schluss formulieren

Mit dem Erzählschluss wird die Erzählung abgerundet. In diesem Teil wird sehr oft die Spannung aufgelöst.
Da das eigentliche Geschehen im Hauptteil erzählt wird, besteht der **Schluss** meistens nur aus einem kurzen Abschnitt.

SB **S. 113**

**1** Stelle dir vor, der Gartenschlauch erzählte die Geschichte. Kreuze an, welcher Schlusssatz für seine Erzählung passt.

- ☐ Nie wieder werde ich einen Schmetterling betrachten.
- ☐ Hoffentlich regnet es bald.
- ☐ Jetzt liege ich nutzlos aufgerollt im Gartenhäuschen und warte darauf, dass meine Löcher geflickt werden. Kann mir einmal jemand sagen, was ich eigentlich mit der Geschichte zu tun habe?

## Eine Überschrift finden

Eine Geschichte braucht auch eine **Überschrift**. Diese soll die Neugier der Leserin oder des Lesers wecken, aber nicht zu viel verraten. Überschriften sind meist kurz und bestehen deshalb oft aus unvollständigen Sätzen.

SB **S. 113**

**1** Begründe kurz, warum die folgende Überschrift noch nicht gelungen ist.

Der Gartenschlauch erzählt, wie ihn einmal der Dackel Willi gebissen hat, damit sein Herrchen und dessen Sohn nass gespritzt werden

______________________________________________

______________________________________________

**2** Kreuze an, welche Überschriften du für gelungen hältst, wenn der Gartenschlauch die Geschichte erzählt.

- ☐ Pech gehabt
- ☐ Eine unverdiente Strafe
- ☐ Undank
- ☐ Unschuldig gebissen

## Die Erzählung überarbeiten

Oft ist es günstig, wenn du die Erzählung möglichst zügig aufschreibst. Dies ist dann dein erster Entwurf.
Da manches aber in dem ersten Entwurf noch nicht ganz gelingt, ist es wichtig, dass du ihn überarbeitest.
Auch das **Überarbeiten** muss man lernen. Deshalb ist es wichtig, dass du zunächst mit einer Lerngruppe zusammenarbeitest, um gemeinsam darüber zu sprechen, was an dem Entwurf bereits gelungen ist und was zu verbessern ist. Eine Checkliste hilft dabei.
SB **S. 114**

**1** Du hast nun viele Hilfen bekommen, sodass du jetzt selbstständig die Geschichte von Herrn Kaiser, seinem Sohn Fritzchen, dem Dackel Willi und dem Gartenschlauch erzählen kannst. Schreibe sie in dein Heft.

**2** Bildet Lerngruppen und tauscht eure Geschichten aus. Überprüft anhand der Checkliste, was gelungen ist und was verbessert werden kann. Macht euch dabei Notizen.

**Checkliste: Eine Erzählung verfassen**

- Hat die Geschichte eine passende Überschrift?
- Ist die Einleitung so gestaltet, dass sie die Leserin/den Leser neugierig auf die Geschichte macht?
- Ist die Reihenfolge der Erzählschritte sinnvoll?
- Ist wörtliche Rede verwendet?
- Werden die Gedanken und die Gefühle der Figuren deutlich?
- Sind die Formulierungen anschaulich und abwechslungsreich?
- Rundet der Schluss die Geschichte ab?
- Ist die Geschichte im Präteritum verfasst?
- Stimmen Rechtschreibung und Zeichensetzung?

**3** Schreibe eine verbesserte Fassung deiner Erzählung.

# Mit Sachtexten umgehen

Um zu üben, den **Inhalt eines Sachtextes besser verstehen** und sich merken zu können, gibt es unterschiedliche Möglichkeiten. Du kannst

- einzelnen Textabschnitten eine Überschrift geben;
- Fragen, die jemand zu dem Text gestellt hat, beantworten;
- selbst Fragen zu einem Text stellen, auf die er eine Antwort gibt;
- wahre und falsche Aussagen, die jemand zu dem Text aufgestellt hat, nachprüfen;
- wahre und falsche Antworten zu einem Text formulieren;
- einen Text mit Randanmerkungen versehen;
- eine Mindmap zu dem Text erstellen;
- wichtige Begriffe und Aussagen markieren.

SB **S. 343 ff.**

## Zu Textabschnitten eine passende Überschrift finden

### Ausgezeichneter Nachahmer

Verehrte Damen und Herren, liebe Leserinnen und Leser. Wir möchten heute einen Meeresbewohner ehren, nicht irgendeinen, nein, den König der Maskerade, den König der Kostümierung, den Verwandlungskünstler des Wassers: den Mimik-Oktopus, zu Deutsch etwa „nachahmender Krake“ – einigen besser bekannt als Karnevalstintenfisch. Sein schauspielerisches Talent blieb dem zweibeinigen Publikum lange verborgen. Erst im Jahr 1998 entdeckten Forscher das Tier in den flachen Gewässern vor den Küsten Indonesiens.

In zwei bis zwölf Metern Tiefe zeigte es schon damals unermüdlich sein Können. Bis heute schlüpft es in die unterschiedlichsten Rollen – vom Plattfisch bis zur Seeschlage. Dabei richtet sich der Mimik-Oktopus ganz nach seinem „Publikum“: Kommt ihm ein unliebsamer Meeresbewohner zu nah, mimt er dessen Feind: Vor einem Mönchsfisch etwa gibt er die Seeschlange. Sieht er eine Krabbe, die ihm schmecken könnte, ahmt er sie nach, pirscht sich unerkannt an sie heran und verspeist sie. Sogar seine eigenen Feinde führt er hinters Licht und gibt sich als deren Artgenosse aus.

Das Talent, in Sekundenbruchteilen das Aussehen zu ändern, liegt wohl in seiner Familie. Immerhin können alle Echten Kraken dank einer speziellen Muskulatur bestimmen, wie ihre Oberfläche aussehen soll, von aalglatt bis picklig. In ihrer Haut lagern zudem Millionen sogenannter Chromatophoren, winzige Säckchen, die mit unterschiedlichen Farbpigmenten gefüllt sind. Sie werden über Nervenstränge und Muskeln direkt vom Gehirn gesteuert. Und weil sich jedes einzeln einfärben lässt, zeigen sich die achtarmigen Tarnungskünstler in den wildesten Mustern ganz ohne Maskenbildner!

Doch Aussehen ist nicht alles: Der Mimik-Oktopus glänzt in seinen Paraderollen vor allem, weil er auch das Verhalten seiner Vorbilder gekonnt kopiert. Streckt er als Feuerfisch noch alle Arme von sich, verschwinden als Seeschlange sechs davon blitzschnell in der Erde. Mit den anderen beiden ahmt er die Bewegung der Schlange nach. Einfach grandios!

Wir können also gar nicht anders, als ihn mit dem Preis für den „besten Schauspieler“ auszuzeichnen. Und nun, liebes Publikum: Applaus für den Mimik-Oktopus!

**1** Finde für jeden Abschnitt eine kurze, treffende Formulierung, die den wesentlichen Inhalt des Abschnitts zusammenfasst.

**TIPP** Wenn dir das Formulieren von Überschriften noch Schwierigkeiten bereitet, findest du hier eine Reihe von Vorschlägen in ungeordneter Reihenfolge, aus denen du auswählen und sie dem entsprechenden Abschnitt zuordnen kannst.

- Die Fähigkeit, sich zu verwandeln
- Vorstellung des Verwandlungskünstlers
- Auszeichnung für den Mimik-Oktopus
- Täuschung von Feinden und Anlocken von Beute
- Das Nachahmen anderer Tiere
- Körperliche Voraussetzungen für die Verwandlung
- Vorstellung des Mimik-Oktopus
- So schafft es der Mimik-Oktopus, sich zu verwandeln

Du kannst mit dem Text noch weiterarbeiten:

**2** Schreibe in einem ganzen Satz auf, worum es in dem Text „Ausgezeichneter Nachahmer“ thematisch geht.

**3** Du kannst deine Bestimmung des Themas überprüfen, indem du ankreuzt, welche beiden Aussagen zutreffen.

- ☐ In dem Text „Ausgezeichnete Nachahmer“ wird dem Mimik-Oktopus vorgeworfen, andere Tiere zu täuschen.
- ☐ In dem Text „Ausgezeichnete Nachahmer“ wird der Leser darüber informiert, wie der Mimik-Oktopus sich vor Feinden schützt und Nahrung für sich anlockt.
- ☐ In dem Text „Ausgezeichnete Nachahmer“ wird erklärt, wie der Mimik-Oktopus es schafft zu überleben.
- ☐ In dem Text „Ausgezeichnete Nachahmer“ wird über die Tiere informiert, die auf die Tricks des Mimik-Oktopus hereinfallen.

**4** Schreibe in deinen Worten auf: Was ist das Besondere am Mimik-Oktopus?

______________________________________________

______________________________________________

______________________________________________

______________________________________________

# Fragen zu einem Text beantworten

**1** Lies den folgenden Text aufmerksam durch. Decke ihn anschließend mit einem Blatt Papier zu und beantworte dann die Fragen, die unter dem Text stehen, mit eigenen Worten.

## Der Fuchs

**Alltag**

Anders als die meisten anderen hundeartigen Tiere – wie zum Beispiel die Wölfe oder unsere Haushunde – leben Füchse nicht in Rudeln. Sie streifen lieber allein durch die Wälder und gehen auch allein auf die Jagd. Nur in der Paarungszeit bleiben sie eine Zeit lang mit ihrem Partner zusammen. Dann gehen der Fuchs und die Fähe – so nennt man eine Füchsin – wieder getrennte Wege.
Füchse sind nachts und in der Dämmerung aktiv; dann durchstreifen sie ihr Revier auf der Suche nach Nahrung. Ihre Beute spüren sie vor allem mit ihrem hervorragenden Geruchssinn und mit ihrem Gehör auf. Auch wenn eine Maus noch so leise durchs Gras huscht, kann sie einem Fuchs nicht entgehen. Zahlreiche Tasthaare an der Schnauze und den Pfoten dienen dazu, auch noch die kleinste Bewegung und Erschütterung wahrzunehmen.
Zum Schlafen und bei schlechtem Wetter ziehen sich Füchse in ihre unterirdischen Baue zurück. Manchmal graben sie sie selbst, manchmal ziehen sie aber auch einfach in von Dachsen oder Kaninchen gegrabene Höhlen ein. Besonders beliebt sind Baue mit einem Ausgang an der Sonnenseite: Hier nehmen Füchse und ihre Jungen gerne ein ausgiebiges Sonnenbad. Ein Bau besteht aus vielen Höhlen sowie Haupt- und Fluchtgängen – der Fuchs kann also von vielen Stellen seines Reviers aus blitzschnell in seinem Bau verschwinden. In ganz großen Bauen gibt es manchmal richtige Wohngemeinschaften: Fuchs, Dachs, Iltis und

sogar Kaninchen leben friedlich zusammen – jeder in einem Teil der Höhle. Das geht gut, weil im Bau Frieden herrscht: Alle lassen sich in Ruhe, und auch die Kaninchen müssen nicht um ihr Leben fürchten – allerdings wirklich nur, solange sie im Bau sind.

- Wie lebt der Fuchs?

- Wie schaffen es die Füchse, ihre Beute aufzuspüren?

- Welche Besonderheiten weisen viele Fuchsbaue auf?

- Was ist das Besondere an dem Zusammenleben von Fuchs, Dachs, Iltis und Kaninchen in einem Bau?

**2** Vergleiche anschließend deine Antworten mit denen einer Lernpartnerin oder eines Lernpartners.

# Einen Text mit Randanmerkungen versehen

**1** Hier hat jemand schon begonnen, den Text zu bearbeiten. Setze die Bearbeitung fort, indem du für jeden Absatz die wesentlichen Aussagen zu den unterstrichenen Begriffen notierst.

## Welche Aufgaben hat das Skelett?

Beim Laufen, Springen oder Turnen wird dein Körper stark belastet. Er muss Erschütterungen ausgleichen, Stöße abfangen und beweglich sein. Wie ist das möglich? Über 200 Knochen sorgen dafür: Sie sind zu einem Knochengerüst, dem Skelett, zusammengesetzt. Es verleiht dir Halt und schützt deinen Körper. Darum sind die Knochen besonders geformt und sinnvoll miteinander verbunden.

*Skelett: Knochengerüst aus 200 Knochen*
*Schutz und Halt*

Das Kopfskelett ist besonders widerstandsfähig. Hier sind harte Knochenplatten zu einem starken Schutzpanzer miteinander verwachsen. Ihre gezackten Verwachsungsstellen bezeichnet man als Knochennähte. Dieser Gehirnschädel mildert Stöße ab und schützt dadurch das Gehirn.

Am Rumpfskelett fällt zunächst die Wirbelsäule auf. Sie trägt den Kopf und den Brustkorb und ist im Becken fest verankert. Der Brustkorb schützt Herz und Lungen weitgehend vor Verletzungen. Zu ihm gehören zwölf Paar Rippen, die mit der Wirbelsäule beweglich verbunden sind. Sie krümmen sich bogenförmig nach vorn.

Am beweglichsten sind die Arme und Beine. Man bezeichnet sie als obere und untere Gliedmaßen. Ihre große Beweglichkeit hängt mit dem Aufbau zusammen. So besteht jeder Arm und jedes Bein aus 30 Knochen. Die Gliedmaßen enthalten also mehr als die Hälfte aller Knochen unseres Skeletts.

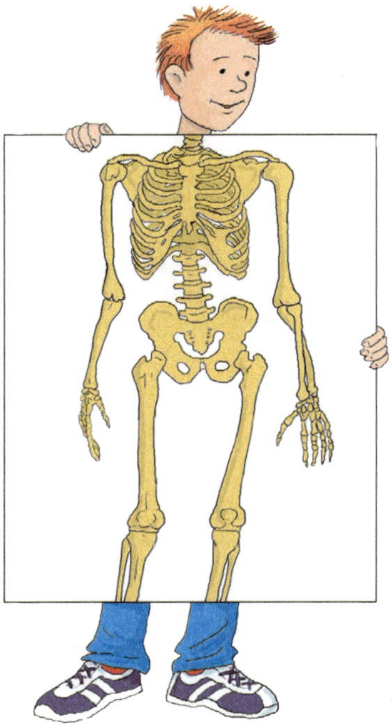

# Eine Mindmap erstellen

## Das Eichhörnchen

In kleinen Sprüngen huscht das Eichhörnchen flink über den Erdboden. Plötzlich hält es inne und macht „Männchen“. Es äugt. Kurz darauf flieht das Eichhörnchen auf einen Baum. Mit kurzen Sätzen klettert es scheinbar mühelos am Stamm empor. Geschickt eilt es durch das Geäst, läuft über einen Querast und springt mit einem gewaltigen Satz zum benachbarten Baum hinüber. Aus der Krone dieses Baumes läuft das Eichhörnchen kopfüber wieder am Baumstamm herunter. Wie kommt es, dass das Eichhörnchen ein so wendiges und sicheres Klettertier ist?
Der Körper ist schlank und leicht. Die langen kräftigen Hinterbeine dienen als Sprungbeine. Alle Pfoten besitzen lange Krallen. Mit ihnen kann sich das Tier an der Borke festhaken. Die Klettersohlen mit den rauen Haftballen verhindern ein Abrutschen auf glatter Rinde. Mit dem langen, buschigen Schwanz wird gesteuert und balanciert. Beim Springen aus größeren Höhen wirkt er wie eine Fallbremse.
Eichhörnchen bauen hoch oben in Astgabeln ihr kugeliges Nest. Dieser Kobel besteht aus einem Flechtwerk von Zweigen. Er besitzt zwei Öffnungen, das Einschlupfloch und das Fluchtloch. Innen ist es warm ausgepolstert. In den Kobel zieht sich das Eichhörnchen immer wieder zurück. Auch die Jungen, die als Nesthocker zur Welt kommen, werden hier aufgezogen. – Der Kobel bietet Schutz vor Habicht, Sperber, Eule und Fuchs. Nur der Baummarder, der größte Feind des Eichhörnchens, stellt ihm auch dort nach.
Eichhörnchen gehören zu den Nagetieren. Sie ernähren sich vorwiegend von Nüssen, Zapfen, Zweigspitzen und jungen Knospen. Mit ihrem kräftigen Nagetiergebiss können sie selbst die härtesten Schalen öffnen. Gelegentlich fressen sie aber auch Vogeleier und Jungvögel.
Im Herbst vergräbt das Eichhörnchen, um während des Überwinterns Nahrung zu haben, Früchte und Samen an vielen Stellen im Boden. Im Winter sucht es diese Vorratskammern von Zeit zu Zeit auf. Es findet sie sogar unter einer Schneedecke.

**1** Hier siehst du eine Mindmap zu dem Text, allerdings fehlen noch die Oberbegriffe, die du auch im Text findest. Trage sie ein.

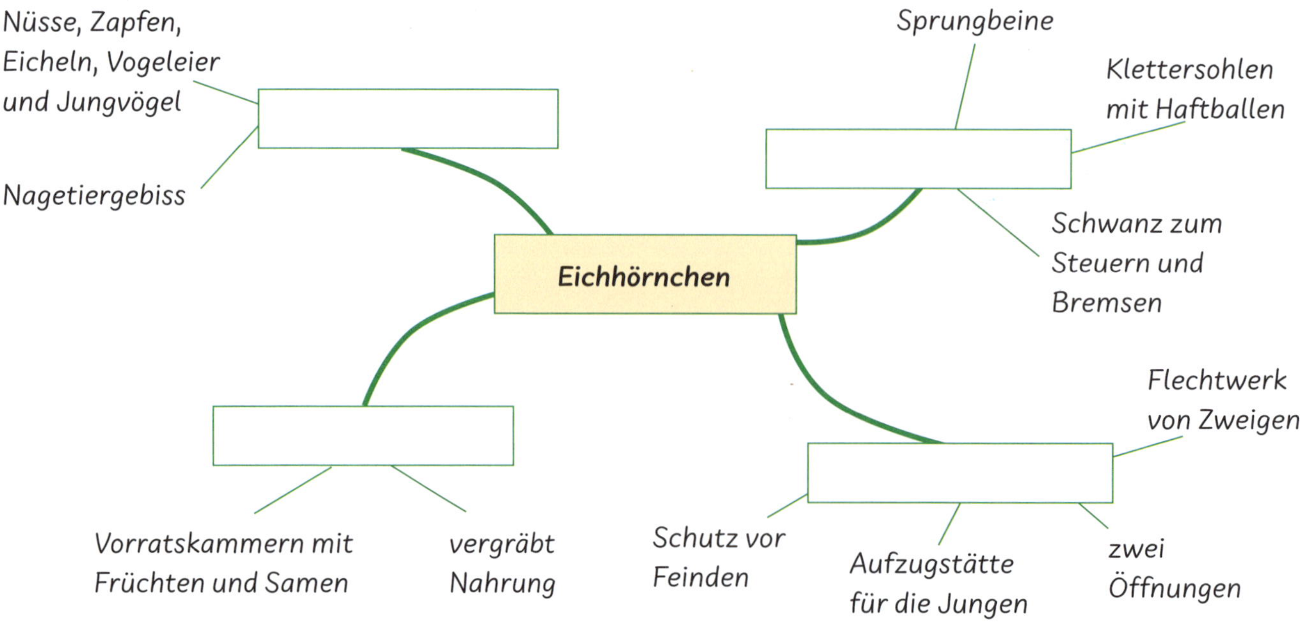

**2** Erstelle zu dem folgenden Text über den Hund eine Mindmap in deinem Heft.
Suche zunächst für jeden Abschnitt einen Begriff, der den Inhalt zusammenfasst. Für den ersten Abschnitt ist der Begriff schon eingetragen.

## Der Hund

*Die Sinne*

Wie ist es möglich, dass ein Hund Drogen aufspüren oder einen bestimmten Menschen wiederfinden kann? Sein Herrchen riecht er selbst im dichtesten Menschengewühl. Wir könnten eine bestimmte Person auf diese Weise nicht erkennen. Der Hund besitzt einen viel besseren Geruchssinn als der Mensch. Er ist ein Nasentier. Beim Schnüffeln nimmt er mit der eingesogenen Luft Duftstoffe auf, nach denen er sich orientiert. Diese Witterung führt ihn zum Beispiel bei der Fährtensuche zum Ziel. Der Hund kann auch viel besser hören als wir. Schon von Weitem erkennt er den Schritt seines Herrchens, ohne ihn zu sehen. Sogar das Motorgeräusch vom Auto seines Herrchens kann er von anderen Motorgeräuschen unterscheiden. Er reagiert außerdem auf sehr hohe Töne, die wir nicht mehr wahrnehmen können. Hunde sind also auch ausgezeichnete Ohrentiere.

---

Wenn der Hund im Gelände tollt, zeigt er seine „wahre" Natur. Spürt er einen Hasen oder ein anderes Beutetier auf, so hetzt er in weiten Sprüngen hinterher. Man bezeichnet ihn deshalb als Hetzjäger. Wird ein Stück Papier vom Wind aufgewirbelt, so packt der Hund meist sofort zu und schüttelt sich die „Beute" um die Ohren. Dieses „Totschütteln" und auch das Hetzen deuten darauf hin, dass der Hund ein Raubtier ist.

---

Am Skelettbau erkennst du, warum der Hund leichtfüßig und schnell laufen kann. Er besitzt kräftige Laufbeine und tritt nur mit den Zehen auf. Er ist ein Zehengänger. Wo der Fuß den Boden berührt, befinden sich polsterartige Ballen. Sie sind mit harter Hornhaut überzogen und schützen den Fuß vor Verletzungen. Seine Krallen sind kurz und stumpf und können nicht eingezogen werden.

---

Hast du schon einmal einen Hund beim Fressen genau beobachtet? Sein Gebiss ist so beschaffen, dass er damit Fleischbrocken zerteilen und harte Knochen mühelos „bearbeiten" kann. In diesem Raubtiergebiss fallen besonders die langen, dolchartigen Eckzähne oder Fangzähne auf. Sie halten das Fleischstück fest. Mit den gezackten, scharfen Backenzähnen zerreißt und zerkleinert er das Fleisch. Die stärksten Backenzähne heißen Reißzähne. Sie gleiten mit den übrigen Backenzähnen wie Blätter einer Schere aneinander vorbei.

# Einen Text markieren

**1** Bearbeite den folgenden Text über den Specht, indem du ihn mit zwei verschiedenfarbigen Stiften markierst.
Mit der ersten Farbe markierst du wichtige Fachausdrücke, z. B. Kletterfüße, mit der zweiten Farbe unterstreichst du wichtige Aussagen, die du dir merken willst.
Du solltest darauf achten, nicht zu viel zu unterstreichen.

## Spechte sind Baumbewohner

Der Specht ist für ein Leben auf Bäumen geschaffen. Mit kleinen Sprüngen hüpft er mühelos den Stamm hinauf. Die Kletterfüße verankern sich dabei in der rauen Borke. Ihre vier Zehen sind mit scharfen, gebogenen Krallen ausgestattet. Zwei Zehen sind nach vorn gerichtet. Sie wirken wie Aufhängehaken. Die beiden anderen Zehen stehen nach hinten und dienen als Stützen. Der Schwanz mit den besonders starken Schwanzfedern wird beim Sitzen gegen den Stamm gestemmt. Dieser Stützschwanz gibt einen sicheren Halt und verhindert ein Abrutschen nach unten.
Wenn du Glück hast, kannst du auch beobachten, wie der Specht zwischen der Borke oder im morschen Holz geschickt nach Beute spürt. Durch kräftige Hiebe mit dem langen, keilförmigen und sehr harten Schnabel werden Insekten oder Larven freigelegt. An diesem Meißelschnabel fällt der kantige Oberschnabel auf. Er besitzt vorn eine senkrechte Schneide und überragt den Unterschnabel ein wenig. Schnabel, Kopf und Hals bilden bei diesem „Zimmermann des Waldes“ eine Art Axt, mit der vom Holz Span für Span abgesplittert werden kann. Hat der Specht den Fraßgang einer Larve freigelegt, schnellt die lange, dünne und biegsame Zunge aus dem Schnabel. Mit der verhornten, harpunenartigen Spitze werden größere Tiere aufgespießt. Kleinere Tiere bleiben am klebrigen Schleim dieser Schleuderzunge hängen. So kann der Specht auch versteckte Beutetiere erreichen, die mehrere Zentimeter tief im Holz leben.

Hat sich ein Spechtpärchen gefunden, so meißelt es in gemeinsamer Arbeit in einen meist kernfaulen Baumstamm eine Nisthöhle. Der Eingang führt leicht nach oben. So kann kein Regenwasser eindringen. Dahinter liegt die birnenförmige Höhle. Sie führt im Stamm nach unten. In der Höhle werden die Eier abgelegt und ausgebrütet. Die Jungen dieser Höhlenbrüter kommen nackt und blind zur Welt. Sie werden von den Eltern gefüttert und großgezogen. Es sind Nesthocker.

Falls du Hilfe benötigst, findest du hier die Fachbegriffe in ungeordneter Reihenfolge.

TIPP

Schleuderzunge • Nesthocker • Kletterfüße • Baumbewohner • Höhlenbrüter • Stützschwanz • Meißelschnabel • Nisthöhle

## Zusammenfassende Aufgabenstellung

**1** Du hast nun die Lebensweise und die natürliche Ausstattung einer Reihe von Tieren kennengelernt. Erstelle als Zusammenfassung eine Mindmap, in der du entweder die Lebensweisen der unterschiedlichen Tiere, sofern du Informationen darüber findest, oder deren besondere natürliche Ausstattung darstellst.

# Einen Vorgang beschreiben

Willst du jemandem beschreiben, wie etwas gebastelt wird oder wie man etwas Leckeres backt oder kocht, nennst du zu Beginn die benötigten **Materialien oder Zutaten und das Werkzeug bzw. das Kochgeschirr und die Geräte**. Denke bei den Materialien und Zutaten an die richtigen Mengenangaben und Größen.

Anschließend beschreibst du den Vorgang **Schritt für Schritt** in der richtigen Reihenfolge. Sinnvoll ist es, wenn du dir zunächst einen Plan machst und den Aufbau deiner Beschreibung festlegst. Dabei kannst du mit Stichworten arbeiten. Verwende hier bereits Fachausdrücke, die den Vorgang möglichst eindeutig und genau beschreiben. Um die Reihenfolge darzustellen, benutzt du am besten Wörter wie *darauf, anschließend, jetzt, nun, danach*.

Wie du den Vorgang konkret beschreibst, hängt davon ab, für wen du die Informationen aufbereitest:
Möchtest du z. B. einen Brief an eine Freundin oder einen Freund verfassen? Dann bietet sich die Du-Form an. Oder willst du einen Beitrag für die Klassen- oder Schülerzeitung schreiben? Dann bietet sich die Man-Form an.

Da es bei diesen Beschreibungen um Vorgänge geht, die jederzeit wiederholt werden können, benutzt man als Tempusform das **Präsens**.
SB **S. 210 ff.**

## Ein Kochrezept verfassen

**1** Bei dieser Erfrischung ist einiges durcheinandergeraten. Stelle die richtige Reihenfolge wieder her und schreibe die entsprechenden Ziffern in die Kästchen.

### Kaltes für heiße Tage

☐ Anschließend schüttet man alles in zwei Eiswürfelbehälter und stellt diese ca. 20 Minuten in das Gefrierfach.

☐ Das Ganze kommt erneut in das Gefrierfach und nach ca. einer Stunde sind die Eisspieße fertig. Sie lösen sich am besten aus den Eisbehältern, wenn man diese ganz kurz in eine Schüssel mit heißem Wasser gibt.

☐ Zwei Esslöffel Puderzucker werden nun unter ständigem Rühren mit dem Schneebesen in den verdünnten Saft gegeben.

☐ Anschließend kommt so viel Wasser hinzu, dass Saft und Wasser insgesamt 1/4 Liter Flüssigkeit ergeben.

☐ Aus drei reifen Orangen und Zitronen wird der Saft gepresst und in einen Messbecher gegossen.

☐ Die Behälter werden nun wieder herausgenommen. Die Flüssigkeit ist inzwischen so weit angefroren, dass man in jedes Fach der Eisbehälter einen kleinen Holzspieß stecken kann.

**2** Schreibe auf, woran du sprachlich gemerkt hast, mit welchem Satz das Rezept beginnt.

______________________________________________

______________________________________________

______________________________________________

**TIPP** Unterstreiche in den einzelnen Handlungsschritten jeweils das Wort, das auf eine zeitliche Reihenfolge hindeutet (z. B. nun).

**3** Schreibe auf, welche Zutaten und welche Geräte benötigt werden.

Zutaten: ______________________________________________

______________________________________________

Geräte: ______________________________________________

______________________________________________

**4** Schreibe die Fachausdrücke für die Küchengeräte auf, die auf dem Foto zu sehen sind. Der Wortspeicher unten hilft dir, wenn du nicht weiterweißt.

| | | | |
|---|---|---|---|
| 1. | 2. | 3. | 4. |
| 5. | 6. | 7. | 8. |
| 9. | 10. | 11. | 12. |

Messbecher • Kartoffelschäler • Suppenkelle • Handmixer • Kochlöffel • Pfannenwender • Schneebesen • Küchenmesser • Zitronenpresse • Schneidebrett • Nudelholz • Rührschüssel

**5** Schreibe nun das Rezept in einer anderen sprachlichen Form auf. Stelle dir dabei vor, dass du deiner Freundin oder deinem Freund in einem Brief mitteilen willst, wie sie oder er Eis herstellen kann. So könntest du anfangen:

*Passau, den 18.08.2017*

*Liebe(r) ...,*
*gestern habe ich ein köstliches Eisrezept ausprobiert. Ich kann Dir sagen, etwas Herrlicheres gibt es nicht für heiße Sommertage. Am besten besorgst Du Dir zuerst ...*

**6** Hier hat jemand aufgeschrieben, wie man leckere Bratkartoffeln macht. Einiges ist schon gut gelungen, aber einiges ist auch zu verbessern.
Am besten setzt ihr euch zu dritt oder viert zusammen, unterstreicht die Stellen, die eurer Meinung nach zu verbessern sind, überlegt euch Alternativen und schreibt sie auf. Deckt die rechte Spalte zunächst mit einem Blatt Papier ab.
Wenn ihr fertig seid, könnt ihr die rechte Spalte aufdecken und sie mit euren Überlegungen vergleichen.
Anschließend schreiben alle das Rezept noch einmal mit den Verbesserungen neu auf.

**Leckere Bratkartoffeln**

Zutaten für vier Personen:
1,5 Kilogramm Kartoffeln, 1 Zwiebel, 1 Ei, Bratfett oder Öl

*– hier fehlt etwas*

Küchengeräte: 1 großer Topf, ein großes Sieb, Schälmesser, Pfanne

Zunächst einmal musst du die Kartoffeln schälen und anschließend in einem großen Topf kochen. Das dauert etwa 20 Minuten. Anschließend schüttest du die Kartoffeln in ein großes Sieb (Durchschlag) und wartest, bis sie etwas abgekühlt sind. Wichtig ist, dass die Kartoffeln in Salzwasser gekocht werden. Nun schneidest du die Kartoffeln in kleine Würfel. Jetzt schneidest du auch die Zwiebel in kleine Würfel. Anschließend stellst du die Pfanne auf den Herd und erhitzt das Bratfett oder Öl. Anschließend gibst du die Kartoffeln und die Zwiebel in die Pfanne. Du musst alles schon braun braten. Natürlich darfst du das Würzen nicht vergessen. Am besten würzt du mit etwas Pfeffer, Thymian und Paprika. Das schmeckt am besten.

*– das Wort „anschließend" ersetzen (Dopplung)*
*– die Reihenfolge stimmt nicht*
*– die beiden Sätze verbinden*
*– Satzanfang („Anschließend") ersetzen*
*– die Sätze verbinden*
*– Ausdruck „am besten" ersetzen (Dopplung)*

Zum Schluss musst du noch das Ei in die Pfanne schlagen. Du musst das Ei unter die Kartoffeln mischen. Wenn das Ei gebacken ist, kannst du alles auf Tellern servieren.

*– Sätze verbinden*
*– Dopplungen („Ei") vermeiden*

**7** Über den Zutaten ist bei dem Rezept eine Personenanzahl angegeben. Schreibe auf, was passieren kann, wenn diese Angabe fehlt.

**8** Bei einer guten Anleitung zum Kochen oder Backen kommt es auch darauf an, die passenden Verben auszuwählen.

Für das Wortfeld „zerkleinern“ gibt es, je nach Lebensmittelart, unterschiedliche Ausdrücke. Verbinde jeweils ein Nomen mit dem passenden Verb mit einem Pfeil:

| | |
|---|---|
| Zwieback | mahlen |
| Zitrone | zerbröseln |
| Käse | durch den Fleischwolf drehen |
| Schinkenscheiben | schnippeln |
| Nüsse | auspressen |
| Fleischstücke | reiben |
| Bohnen | hacken |
| Schnittlauch | in Würfel schneiden |

**9** Sicherlich weißt du, wie man Rührei mit Schinken macht. Wenn du nicht ganz sicher bist, beratschlage dich mit deiner Tischnachbarin oder deinem Tischnachbarn. Überlege, für wie viele Personen du kochen willst.
Schreibe das Rezept in dein Heft.
Suche dir anschließend einen oder mehrere Lernpartnerinnen oder Lernpartner. Kontrolliert gegenseitig eure Rezepte. Orientiert euch dabei an folgender Checkliste:

**Checkliste: Ein Rezept schreiben**

| | **Ja** | **Nein** |
|---|---|---|
| Personenzahl angegeben? | | |
| Zutaten angegeben mit Mengenangaben? | | |
| Benötigte Küchengeräte angegeben? | | |
| Die richtige Reihenfolge eingehalten? | | |
| Die Reihenfolge sprachlich gekennzeichnet? | | |
| Fachausdrücke und treffende Begriffe benutzt? | | |
| Nicht nur einfache Hauptsätze benutzt? | | |
| Stimmen Rechtschreibung und Zeichensetzung? | | |

# Eine Bastelanleitung verfassen

## Ein Blumentopf-Insektenhotel basteln

Ein selbst gebautes Insektenhotel

**Was ist ein Insektenhotel und wozu dient es?**

Insekten sind sehr nützliche Lebewesen. Zum einen sind sie ein wichtiges Glied in der Nahrungskette. So werden sie zum Beispiel von Vögeln gefressen, die ohne die Insekten gar nicht überleben könnten. Dann sind Insekten aber auch wichtige Helfer gegen Schädlinge in unseren Gärten. Der Marienkäfer zum Beispiel frisst mit Vorliebe Blattläuse, die gerne auf Gartenblumen siedeln. Leider finden Insekten aber immer weniger Unterschlupfmöglichkeiten, um zu überwintern und ihren Nachwuchs aufzuziehen. Das ist so, weil wir immer mehr Häuser und Straßen bauen und die Natur immer weiter zurückdrängen. Viele Naturliebhaber stellen deshalb in ihren Gärten ein sogenanntes Insektenhotel auf, in dem viele Insekten Unterschlupf finden können. Insektenhotels kann man kaufen, man kann sie aber auch leicht selbst bauen. Und es dauert nicht lange, dann stellen sich viele Gäste ein. Sie mögen es übrigens warm und trocken.

**1** Schreibe zwei Gründe auf, warum Insekten nützlich sind.

**2** Schreibe auf, wozu ein Insektenhotel dient.

**3** Erkläre den Begriff „Insektenhotel" mit deinen Worten.

**4** Stelle dir vor, du hast von einer Freundin oder einem Freund folgende E-Mail bekommen:

Hallo,
ich habe kürzlich im Radio etwas über Insektenhotels gehört. Sie sollen nützlich sein, und man kann sie wohl leicht selbst bauen. Bestimmt weißt du mehr über Insektenhotels und wie man sie baut, oder ;-)

Ciao

Schreibe deiner Freundin oder deinem Freund eine Antwort, in der du sie oder ihn informierst. Der Text auf S. 31 oben sowie die Fotos und ihre Beschriftung helfen dir. Sie sind allerdings nicht in einer sinnvollen Reihenfolge sortiert.
Notiere dir zunächst einen Schreibplan.

Maschendraht auf den Blumentopf legen, zurechtschneiden, etwas überstehen lassen, Ränder umknicken

Blumentopf füllen: z. B. Gras, Tannenzapfen, Zweige, getrocknete Blätter, Rinde (findet man alles im Wald)

Eine Holzscheibe mit Löchern (aber nicht durchbohren!)

TIPP

Wenn es dir schwerfällt, einen Schreibplan für die Antwort zu verfassen, dann findest du hier in ungeordneter Reihenfolge und rückwärts geschrieben Stichwörter dazu.

troegnähfuA • kcewZ dnu neztuN • gnutielnauaB • etgitöneb neilairetaM

**5** Schreibe die Antwort an deine Freundin oder deinen Freund in dein Heft. Beachte, was sie bzw. er über Insektenhotels wissen will.
Setzt euch zu Lerngruppen zusammen und tauscht eure Antworten auf die E-Mail untereinander aus und überprüft sie. Erarbeitet dazu gemeinsam eine Checkliste. Orientiert euch dabei an der Liste auf S. 30 zu den Kochrezepten.

# Berichten

Im Gegensatz zu einer Erzählung, die oft dazu dient, jemanden zu unterhalten, und die deshalb besonders spannend gestaltet wird, geht es bei einem Bericht vor allem darum, einen Leser oder eine Leserin möglichst genau zu **informieren**. Berichte beziehen sich fast immer auf Ereignisse, die in der **Vergangenheit** stattgefunden haben. Das kann z. B. ein **Unfall** sein oder aber auch ein **Fest** oder eine **Veranstaltung**.
Ein Bericht wird in einer **sachlich informierenden Sprache** und im **Präteritum** verfasst. Er gibt Antworten auf folgende Fragen (**W-Fragen**):

- Was geschah?
- Wer war beteiligt?
- Wo ereignete es sich?
- Wann ereignete es sich?
- Wie geschah es? Wie war der Verlauf?
- Welche Folgen ergaben sich? Was war das Ergebnis des Geschehens?

Die Antworten auf die ersten vier Fragen (linke Spalte) können häufig bereits zu Beginn des Berichts gegeben werden. Über den genauen Hergang berichtest du anschließend in der **richtigen zeitlichen Reihenfolge**. Dabei können dir Ausdrücke wie *zunächst*, *anschließend*, *zum Schluss* helfen, um das Geschehen genauer zeitlich einzuordnen.
Die Frage danach, welche Folgen sich aus dem Ereignis ergaben bzw. was das Ergebnis war, kannst du in einem Schlussteil beantworten.
SB **S. 210 ff.**

# Über einen Unfall berichten

SANDRO: Ich habe meinen Freunden noch zum Abschied zugewinkt und plötzlich war das Auto da. Ich habe es gar nicht kommen sehen.
RETTUNGSASSISTENT: Zum Glück nur eine kleine Schürfwunde am Arm. Die heilt schnell wieder.
JONAS: Sandro ist Richtung Hauptstraße gefahren, aber er hat nicht nach vorne geguckt, sondern zu uns.
MAX: Das Fahrrad –Totalschaden!
PHILIPP: Und dann ist das Fahrrad auf die Motorhaube des Pkw geprallt.
AUTOFAHRER: Ich wollte meinen Sohn vom Sportfest abholen, das ja um 15 Uhr zu Ende sein sollte. Ich habe nach rechts geblinkt und bin auf den Parkplatz eingebogen. Und da kam der Junge mit dem Fahrrad auf mich zu. So schnell konnte ich gar nicht bremsen.
POLIZIST: Gut, dass der Junge einen Helm getragen hat; so ist alles noch einmal glimpflich abgelaufen.

**1** Fertige eine kleine Zeichnung an zur Verdeutlichung des Unfallhergangs.

**2** Beantworte anhand der Aussagen der Personen die W-Fragen:

Was geschah?

___

Wer war beteiligt?

___

Wo ereignete es sich?

___

Wann ereignete es sich?

___

Wie geschah es?

___

Welche Folgen ergaben sich?

___

**3** Die Schülerzeitung des Schiller-Gymnasiums veröffentlicht auf der Homepage der Schule Berichte von Vorfällen und Veranstaltungen. Max, der den Unfall beobachtet hat, setzt sich am Abend hin und schreibt einen Bericht.

**Unfall mit Folgen**

Heute ereignete sich auf dem Parkplatz unserer Schule ein tragischer Unfall. Nach dem Sportfest wollte ein Vater seinen Sohn mit einem Pkw abholen. Als der Pkw auf den Parkplatz bog, verabschiedete sich ein Schüler von seinen Freunden, während er in Richtung Hauptstraße fuhr. Da er abgelenkt war, kam es zu dem Unfall. Der Autofahrer blieb unverletzt, sein Pkw trug jedoch leichte Blechschäden davon, da das Fahrrad auf die Motorhaube prallte. Der Schüler zog sich eine Schürfwunde am rechten Arm zu. Das Fahrrad war ein Totalschaden. Die Verletzungen waren den Umständen entsprechend glimpflich, da der Junge einen Helm trug.

Setzt euch in Lerngruppen zusammen und überarbeitet gemeinsam den Text. Überprüft dabei:

- Sind alle W-Fragen beantwortet?
- Ist das Geschehen in der richtigen zeitlichen Reihenfolge wiedergegeben?
- Ist der Bericht sachlich und genau formuliert?
- Ist als Zeitform das Präteritum verwendet worden?
- Können einzelne Formulierungen verbessert werden?
- Ist die Überschrift passend?

Unterstreicht die Stellen, die eurer Meinung nach verbessert werden können.

**4** Schreibe eine verbesserte Fassung des Berichts in dein Heft.

# Über eine Veranstaltung berichten

Yasmina geht in die Klasse 5b. Sie schreibt gerne und deshalb engagiert sie sich für die Schülerzeitung ihrer Schule. Sie hat erfahren, dass ihre Parallelklasse, die Klasse 5a, eine Lesenacht durchgeführt hat. Und darüber möchte sie nun in der Schülerzeitung berichten. Weil sie ja nicht daran teilnehmen konnte, interviewt sie nun drei Schülerinnen bzw. Schüler aus der Klasse 5a.

YASMINA: Hallo, ich habe gehört, ihr habt eine Lesenacht mit eurer Klasse durchgeführt. Wie hat euch diese Veranstaltung gefallen?

ROSA: Es war total super. Wir haben so viel Spaß gehabt.

CEM: Ja, es war richtig klasse. Wir haben unsere Lehrerin schon gefragt, ob wir noch einmal eine Lesenacht machen können.

YASMINA: Wie ist die Lesenacht denn verlaufen?

BRITTA: Wir haben uns um 18 Uhr in der Schule getroffen und zuerst gemeinsam gegessen.

ROSA: Jeder von uns hat eine Kleinigkeit zu essen mitgebracht. Da sind ganz viele verschiedene Sachen zusammengekommen.

CEM: Und nicht nur deutsche Gerichte. Meine Mutter hat eine türkische Vorspeise zubereitet. Die war der Renner.

BRITTA: Selbst unsere Lehrerin hat etwas mitgebracht.

YASMINA: Und dann wurde vorgelesen oder hat jeder für sich ein Buch mitgebracht?

BRITTA: Es gab zehn Freiwillige, die sich bereit erklärt haben, ein Buch vorzustellen und daraus eine spannende oder lustige Stelle den anderen Schülern vorzulesen. Sie hatten natürlich vorher das ganze Buch gelesen, logo.

YASMINA: Und was für Bücher waren das?

CEM: Oh, ganz unterschiedliche. Carola hat zum Beispiel „Tintenherz“ von Cornelia Funke vorgestellt. Ein superspannendes Buch. Da werden Romanfiguren aus dem Buch plötzlich lebendig und Menschen aus der wirklichen Welt verschwinden in dem Buch.

BRITTA: Basti hat noch ein Buch von Cornelia Funke vorgestellt: „Herr der Diebe“. Das spielt in Venedig und handelt von einer Jugendbande. Es ist total interessant geschrieben, vor allem aber auch spannend.

ROSA: Ich habe ein ganz lustiges Buch vorgestellt: „Greggs Tagebuch“. Davon gibt es mittlerweile elf Bände. Es ist eigentlich ein Comic-Roman mit vielen Zeichnungen. Unsere Lehrerin hat mir eine Dokumentenkamera und einen Beamer besorgt, da konnte ich beim Vorlesen sogar die witzigen Bilder zeigen.

BRITTA: Mir hat noch ein Buch gefallen, das schon älter ist: „Die Insel der blauen Delfine“. Es handelt von einem Mädchen, das ganz alleine auf einer Insel ums Überleben kämpfen muss. Als Caro daraus vorgelesen hat, habe ich ganz schön mitgefiebert.

YASMINA: Es gab also eine Mischung aus spannenden und lustigen Bücher.

ROSA: Ja!

YASMINA: Durftet ihr denn fragen, wie das Buch weitergeht, nachdem das Vorlesen beendet war?

BRITTA: Ja, klar. Nur zu viel durfte nicht verraten werden. Das wäre ja doof für diejenigen, die das Buch selbst noch lesen wollen.

ROSA: Ich habe mir jedenfalls vorgenommen, einige der Bücher zu lesen!

YASMINA: Und habt ihr die ganze Nacht vorgelesen und zugehört?

CEM: Nee, natürlich nicht. Wir haben zwischendurch immer wieder eine Pause gemacht. Da durften wir kickern oder ein Spiel spielen.

ROSA: Und dann war noch ein Bücherstand aufgebaut mit Büchern, die wir sonst noch mitgebracht haben. Darin konnte man auch noch stöbern.

ROSA: Gegen Mitternacht sind wir in die Turnhalle gegangen, wo wir dann alle geschlafen haben. Als wir in unseren Schlafsäcken gelegen haben, hat uns unsere Lehrerin noch eine spannende Gespenstergeschichte vorgelesen.

CEM: Und obwohl es so spannend war, sind einige Schüler schon beim Zuhören eingeschlafen.

BRITTA: Am anderen Morgen sind schließlich einige Eltern gekommen und haben uns das Frühstück gebracht. Richtig gut.

YASMINA: Hattet ihr denn am Morgen keine Schule?

CEM: Die Lesenacht war doch von Freitag auf Samstag!

YASMINA: Ich sehe schon. Das war eine gelungene Veranstaltung. Na, wenn ich meinen Artikel geschrieben habe, wollen bestimmt alle fünften Klassen eine Lesenacht machen.

**1** Zum Glück hat Yasmina das Interview mit ihrem Handy aufgenommen, sodass sie zu Hause in Ruhe alles nachhören und sich Notizen machen kann. Sie orientiert sich dabei an den W-Fragen, die sie in einer Tabelle aufgelistet hat.

Sie hat schon damit begonnen, Stichworte zu den W-Fragen aufzuschreiben. Vervollständige die Tabelle.

| **W-Fragen** | |
|---|---|
| Wer war beteiligt? | Die Klasse 5a mit ihrer Lehrerin |
| Was geschah? | |
| Wo fand das Ereignis statt? | |
| Wann fand das Ereignis statt? | |
| Wie geschah es? Wie war der Verlauf? | • Gemeinsames Essen mitgebrachter Speisen<br>• ______________________<br>______________________<br>• ______________________<br>______________________<br>• ______________________<br>______________________<br>• ______________________<br>______________________<br>• Gemeinsames Frühstück am nächsten Morgen |
| Mit welchen Folgen? | • Begeisterung bei den Schülern<br>• Wunsch nach Wiederholung der Veranstaltung<br>• Schüler wollen vorgestellte Bücher lesen |

**2** Als nächsten Schritt will Yasmina einen Schreibplan erstellen. Dazu überlegt sie sich, welche der W-Fragen am besten in der Einleitung, welche im Hauptteil und welche im Schlussteil beantwortet werden sollen.
Ordne die W-Fragen Einleitung, Hauptteil und Schluss zu, indem du die Tabelle ausfüllst.

| | **W-Fragen** |
|---|---|
| Einleitung | |
| Hauptteil | |
| Schluss | |

**3** Yasmina hat angefangen, ihren Bericht zu schreiben. Allerdings ist sie selbst mit ihren Formulierungen und auch dem Inhalt noch nicht zufrieden.
Setzt euch in Lerngruppen zusammen und überarbeitet den Text, indem ihr am Rand Notizen macht. Überlegt, wie ihr den Text sprachlich verbessern und wo ihr den Inhalt ergänzen könnt, damit der Bericht noch informativer wird.

Vergangenen Freitag machte die Klasse 5a unserer Schule zusammen mit ihrer Lehrerin eine Lesenacht. Alle trafen sich um 18 Uhr. Treffpunkt war die Schule. Die Veranstaltung begann mit einem gemeinsamen Essen. Jeder hatte etwas mitgebracht. Eine türkische Vorspeise war besonders beliebt. Nach dem Essen wurde vorgelesen. Zehn Schülerinnen und Schüler hatten sich freiwillig bereit erklärt, ein Buch zu lesen. Sie stellten den Inhalt des Buches vor. Dann lasen sie eine lustige oder spannende Stelle aus dem Buch vor. Alle Schülerinnen und Schüler hörten gespannt zu. Zwischendurch wurden Pausen gemacht. In den Pausen konnten die Schüler am Kicker spielen oder Gesellschaftsspiele machen. Es gab aber auch einen Bücherstand. Die Bücher dafür hatten die Schüler selbst mitgebracht. In den Büchern konnte jeder stöbern. Um Mitternacht gingen alle in die Turnhalle. Dort übernachteten die Schüler. Die Lehrerin las noch eine spannende Gespenstergeschichte vor. Aber einige Schüler schliefen schon dabei ein. Am nächsten Morgen gab es ein gemeinsames Frühstück, das Eltern gemacht hatten und in die Schule gebracht hatten. Alle waren von der Lesenacht begeistert. Viele wollen die Bücher lesen, die vorgestellt wurden. Alle wollen, dass die Lesenacht noch einmal stattfindet.

**4** Wenn euch das Überarbeiten noch Schwierigkeiten bereitet, dann erhaltet ihr hier eine Hilfestellung: TIPP

- Eine Überschrift formulieren
- Informationen ergänzen
- Sätze verknüpfen
- Wortwiederholungen vermeiden
- Satzglieder vertauschen
- Wörter ersetzen
- bessere Formulierung suchen
- Absätze einfügen

**5** Schreibe die überarbeitete Fassung in dein Heft.

# Wortarten

## Nomen, Verb und Adjektiv – Die Grundwortarten erkennen

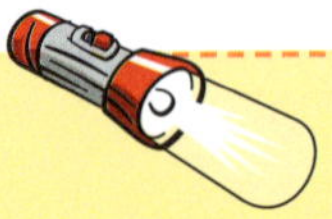

Aus der Grundschule kennst du bereits die drei Grundwortarten:

- **Nomen** (deutsch: Namenwörter, Hauptwörter): Haus, Liebe, Hund
- **Verben** (deutsch: Tuwörter oder Zeitwörter): gehen, sagen, klettern
- **Adjektive** (deutsch: Eigenschaftswörter): bunt, schön, dunkel

SB S. 170

**1** Sortiere die folgende Wörtersammlung nach den drei Grundwortarten und schreibe die Wörter in die entsprechenden Spalten.

Zirkus • Elefant • Pferd • turnte • klatschte • schaukelte • rannte • riesig • Kuppel • tanzt • sprang • kleine • lief • hoch • schaute • schönen • Trapezkünstlerin • Sitzplatz • Zuschauer • Direktor

| Nomen | Verben | Adjektive |
| --- | --- | --- |
| | | |
| | | |
| | | |
| | | |
| | | |
| | | |
| | | |
| | | |

**2** Bilde aus den Wörtern fünf Sätze zum Thema „Zirkus verrückt“. Du darfst auch andere Wortarten benutzen. Achte auf die Großschreibung am Satzanfang und der Nomen.
Beispiel: Der bunte Elefant sprang über den traurigen Zirkusdirektor.

# Das Nomen

**Nomen** bezeichnen zum Beispiel Gegenstände, Lebewesen, Pflanzen und Gefühle. Vor ein Nomen kann man meistens einen Begleiter (der, die, das ...) setzen.
Auch Namen gehören zu den Nomen.
Nomen werden immer großgeschrieben.
SB **S. 171 ff.**

**1** Stell dir vor, es gäbe keine Nomen und du solltest alles bezeichnen, was du in deinem Klassenraum siehst. Einzige Ausnahme: Du darfst das Wort „Ding" benutzen.
Beispiel: An dem einen Ding steht ein Ding, das dazu benutzt wird, um etwas anzuschreiben.
Beschreibe auf diese Weise fünf Gegenstände im Klassenraum und lasse deine Lernpartnerin oder deinen Lernpartner raten, um welchen Gegenstand es sich handelt.
Ihr könnt den Schwierigkeitsgrad der Übung erhöhen, indem ihr auch das Wort „Ding" verbietet.

**2** Mit den Nomen bezeichnen wir nicht nur Gegenstände, Lebewesen u.a., sondern wir ordnen mit ihnen auch unsere Welt. Übertrage das hier unvollständige Wortfeld „Spiele" in dein Heft und ergänze es um möglichst viele Begriffe.

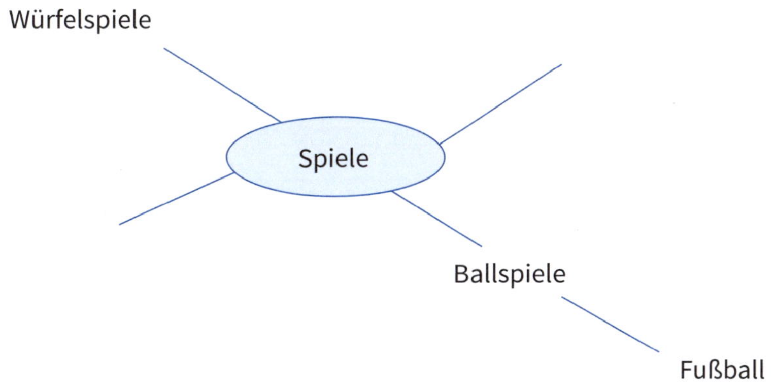


**3** Erstelle auf gleiche Weise Wortfelder zu den Oberbegriffen „Fahrzeuge", „Gewässer", „Zeitangaben".

**4** Unterstreiche in dem folgenden Text alle Nomen.

## JOGGER BEGEGNET LÖWEN

IN EINER ZEITUNG WURDE GESTERN VON EINEM JOGGER BERICHTET, DEM IM WALD EIN AUSGEWACHSENER LÖWE BEGEGNET IST. DER MANN UND DAS RAUBTIER FLÜCHTETEN BLITZSCHNELL IN ENTGEGENGESETZTER RICHTUNG.

BIS AN DIE ZÄHNE BEWAFFNETE POLIZISTEN, EIN HUNDEFÜHRER DER POLIZEI, 25 FORSTBEAMTE, JÄGER UND FEUERWEHRLEUTE, UNTERSTÜTZT VON EINEM HUBSCHRAUBER, SUCHTEN BIS ZUM SPÄTEN ABEND VERGEBLICH NACH DEM TIER.

ES WURDE NICHT BEKANNT, OB DER LÖWE NUR IN DER VORSTELLUNG ODER IM TRAUM DES JOGGERS EXISTIERTE. VIELLEICHT HATTE ER DOCH NUR EINE KUH, EIN PFERD ODER EINEN HIRSCH GESEHEN.

**5** Schreibe die Nomen mit ihrem bestimmten Artikel heraus.

*der Jogger;* ________________________

**6** Stelle dir vor, der Jogger kommt nach Hause und erzählt seiner Familie von seinem Erlebnis während des Joggens. Schreibe seine Erzählung in dein Heft.

**7** Nomen haben in einem Text oft auch andere Begleiter als den Artikel.
Verbinde fünf Nomen mit einem passenden Begleiter aus der Liste und bilde jeweils einen kleinen Satz. Du kannst auch zwei Beispiele in einem Satz unterbringen.

**Nomen:** Schülerin, Mensch, Bücher, Lehrer, Klassenraum, Schrank, Auto, Leute, Menschen, Geld
**Begleiter:** mein, meine / der, die, das / unser, unsere / mancher, manches, manche / viel, viele / kein, keine / groß, große, großes

Beispiel: *Manche Leute haben viel Geld.*

## Nomen haben einen Numerus

Die meisten **Nomen** können im **Singular** (deutsch: Einzahl) oder im **Plural** (deutsch: Mehrzahl) erscheinen:
der Schulhof – die Schulhöfe
SB **S. 175 f.**

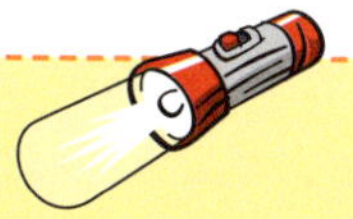

**1** Unterstreiche im folgenden Text alle Nomen und schreibe in Klammern, ob sie im Singular oder im Plural stehen. Benutze dafür die Abkürzungen **Sg** und **Pl**.

### Was heißt „Omnibus“ auf Deutsch?

Es bedeutet *für alle*. Omnibusse ( ) sind öffentliche Verkehrsmittel ( ), die keinem Fahrgast ( ) mit einem gültigen Ticket ( ) die Mitfahrt ( ) verweigern dürfen. Aus „Omnibus“ ( ) und „Automobil“ ( ) entstand das Wort ( ) „Autobus“ ( ). Die allerersten Busse ( ) wurden von Pferden ( ) gezogen. In Paris ( ) gab es den ersten öffentlichen Linienverkehr ( ) mit achtsitzigen Kutschen ( ) im Jahr ( ) 1662.

**2** Nicht von jedem Nomen kann man einen Plural bilden. Streiche die Wörter durch, von denen man keinen Plural bilden kann. Schlage im Zweifelsfall im Wörterbuch nach.

Sand, Mädchen, Zucker, Buch, Kind, Fass, Bleistift, Freund, Salz, Frau, Sandkorn, Liebe, Regen, Schnee, Essig, Freundschaft, Frieden, Pfeffer

**3** Bei manchen Wörtern, zum Beispiel auch Fremdwörtern, ist der Plural recht schwierig zu bilden. Legt folgende Tabelle in eurem Heft an und tragt die Singular- und Pluralformen der Wörter aus dem Speicher mit dem bestimmten Artikel ein.
Manchmal lauten Singular und Plural gleich, und bei zwei Wörtern gibt es zwei Möglichkeiten, den Plural zu bilden.
Schaut im Zweifelsfall in einem Wörterbuch nach.

| Singular | Plural |
|---|---|
| der Mantel | die Mäntel |
| ... | ... |

Atlas • Arzt • Rand • Komma • Punkt • Vitamin • Saal • Lehrer • Kanal • Dreieck • Motor • Fahrzeug • Album • Zentrum • Märchen • Garten

## Nomen haben ein Genus

Jedes **Nomen** hat ein **grammatisches Geschlecht**, das **Genus**. Das Genus findest du heraus, wenn du den bestimmten Artikel vor das Nomen setzt. Man unterscheidet drei Formen:

- **Maskulinum** (männlich): **der** Tisch
- **Femininum** (weiblich): **die** Klasse
- **Neutrum** (sächlich): **das** Haus

Das grammatische Geschlecht ist nicht unbedingt gleich dem natürlichen Geschlecht: So ist *das Boot* eine Sache, *das Mädchen* aber nicht.

SB **S. 173 f.**

**1** Trage die Nomen aus dem Wortspeicher mit dem bestimmten Artikel in die Tabelle auf S. 43 oben ein.

Freundin • Tier • Löwe • Kirsche • Eichhörnchen • Geburt • Bedeutung • Blatt • Haselnuss • Versuch • Boot • Blüte • Loch • Boden • Fähigkeit • Album • Schale • Platz • Delfin • Stempel

| Maskulinum | Femininum | Neutrum |
| --- | --- | --- |
| ________ | ________ | ________ |
| ________ | ________ | ________ |
| ________ | ________ | ________ |
| ________ | ________ | ________ |
| ________ | ________ | ________ |
| ________ | ________ | ________ |
| ________ | ________ | ________ |
| ________ | ________ | ________ |

**2** Unterstreiche die Wörter in der Tabelle, bei denen das grammatische Geschlecht und das natürliche Geschlecht übereinstimmen. Diskutiere mit Lernpartnerinnen oder Lernpartnern über die Fälle, bei denen du dir unsicher bist.

**3** Setze in die Lücken der folgenden Sätze den passenden bestimmten Artikel ein. Schreibe dann darunter, was dir an dem Genus der Nomen auffällt.

**a)** __________ Leiter der Jugendgruppe bestimmt die Zeit der Mittagsruhe.

Mona steigt auf __________ Leiter, um das Buch aus dem Regal zu holen.

**b)** Nächstes Jahr wird __________ Steuer für Fruchtgummis erhöht.

Der Autofahrer darf __________ Steuer während der Fahrt nicht loslassen.

**c)** __________ Kiefer ist ein Nadelbaum.

Bei seinem Unfall hat sich Fynn __________ Kiefer gebrochen.

**d)** Am Morgen liegt noch __________ Tau auf dem Gras.

__________ Tau zum Festmachen des Schiffes liegt an Steuerbord.

**e)** Wir fahren im Urlaub an __________ Nordsee.

Wir fahren im Urlaub an __________ Chiemsee.

Mir fällt auf: ______________________________________________

______________________________________________________

## Nomen haben einen Kasus – die Deklination

Im Satzzusammenhang kann ein **Nomen** in **vier verschiedenen Kasus** (deutsch: Fälle) erscheinen, die man erfragen kann. Bildet man zu einem Nomen die vier Fälle, so nennt man diesen Vorgang **Deklination** (Verb: deklinieren).

| Kasus (grammatischer Fall) | Kasusfrage |
| --- | --- |
| 1. Fall: Nominativ | Wer oder was? |
| 2. Fall: Genitiv | Wessen? |
| 3. Fall: Dativ | Wem? |
| 4. Fall: Akkusativ | Wen oder was? |

SB S. 176 ff.

Fredrik Vahle (geb. 1942)

### Vom Schweigen der Indianer

Indianer sind Menschen, die sagen ihren Kindern nicht:
Jetzt seid mal endlich ruhig.
Oder: Halt den Mund,
du bist noch ein Kind!
(Dabei ist der Mund doch angewachsen,
wie soll man ihn halten?)
Sie machen ihren Kindern
Freude an der Stille.
Sie setzen sich hin und hören zu,
wenn nichts laut wird ...
Sie sehen, wo es nichts zu sehen gibt,
und hören, wo es nichts zu hören gibt.
Vieles hören sie dann wie neu ...
Wie in einem Traum
Hören sie die Worte des Wassers,
die Gespräche der Fische
und das Wachsen des Grases.
Und sie hören in der Stille,
wie alles miteinander verbunden ist:
Der Mensch und die Erde ...
das Sandkorn und der Stern ...
der Wind und das Gras ...
der Himmel und der Mensch ...

**1** Bestimme zunächst einmal den Kasus der in der Tabelle aufgelisteten Nomen aus dem Gedicht auf S. 44 und – soweit vorhanden – ihrer Begleiter. Stelle dazu jeweils die Kasusfrage.

| Nomen (mit Begleiter) | Vers | Kasus |
|---|---|---|
| Indianer | 1 | Nominativ/Wer oder was? |
| ihren Kindern | 1 | |
| den Mund | 3 | |
| der Mund | 5 | |
| Freude | 8 | |
| der Stille | 8 | |
| einem Traum | 14 | |
| die Worte | 15 | |
| des Wassers | 15 | |
| die Gespräche | 16 | |
| der Fische | 16 | |

**2** Viele Menschen wohnen heute in einer Stadt. Liste doch einmal auf, welche Geräuschquellen es in einer Stadt gibt.

Automotoren, ____________________

____________________

____________________

____________________

**3** Die Indianer machen ihren Kindern „Freude an der Stille“ (Vers 8): Schreibe mit deinen Worten auf, was damit gemeint sein könnte.

____________________

____________________

____________________

____________________

____________________

____________________

____________________

____________________

# Das Verb

Die deutsche Bezeichnung für die Wortart **Verb** ist Tätigkeitswort oder Zeitwort.
Mit **Verben** kann man **Tätigkeiten**, **Vorgänge** oder **Zustände** wiedergeben: laufen, schneien, liegen.
SB **S. 180 ff.**

**1** In dem folgenden Text fehlen einige Verben. Überlege, welches Verb in die Lücke passen könnte, und setze es ein.

TIPP Du findest die fehlenden Verben in ungeordneter Reihenfolge unter dem Text. Du musst sie allerdings in der richtigen Form einsetzen.

## Schrecksekunde

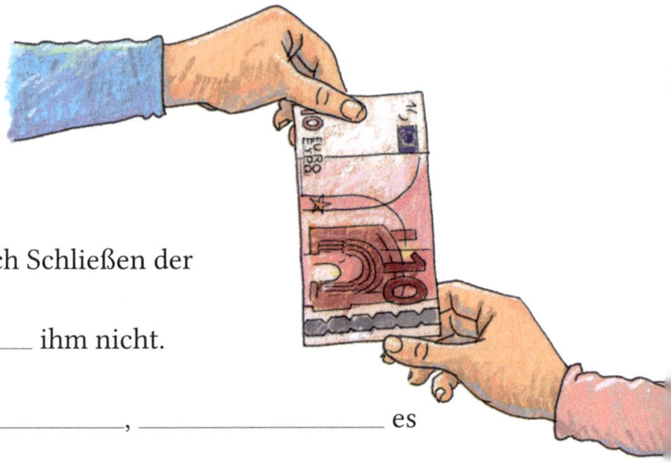

____________ über die leicht geöffnete Hand deines Freundes einen Geldschein und ____________ ihn, den fallenden Schein durch Schließen der Hand zu ____________. Es ____________ ihm nicht. Wenn das Auge den Geldschein fallen ____________, ____________ es zunächst ein Signal an das Gehirn. Von dort wird der Befehl „Greifen“ an die Hand weitergeleitet. Dabei ____________ natürlich etwas Zeit. ____________ du den Versuch selbst, ____________ er, da die Befehle zum Fallenlassen und Zugreifen gleichzeitig ____________. Die Zeit zwischen Erkennen und Reagieren ____________ man „Schrecksekunde“. Für einen Autofahrer kann dieser Zeitverlust schwere Folgen ____________.

| |
|---|
| verstreichen/vergehen • haben • gelingen • fangen • geben/senden • halten • sehen • erfolgen • unternehmen/machen • bitten • gelingen • nennen |

**2** Beschreibe mit deinen Worten, was man unter einer „Schrecksekunde“ versteht.

## Der Infinitiv (Grundform) und die Personalformen des Verbs – die Konjugation

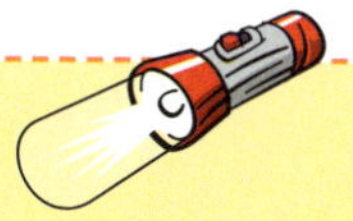

Zu jedem **Verb** gibt es eine **Grundform**, den **Infinitiv**. Der Infinitiv hat fast immer die Endung -en. An der **Personalform** des **Verbs** erkennst du, welche Personen etwas tun oder welche Gegenstände gemeint sind. Außerdem erkennst du, ob es eine Person/ein Gegenstand ist (Singular) oder ob es mehrere sind (Plural):
**ich** geh**e**, **wir** geh**en**

Wenn man ein Verb aus dem Infinitiv in die Personalform setzt, nennt man das **konjugieren** (beugen). Das Nomen dazu heißt **Konjugation**.

SB **S. 180 f.**

**1** Ergänze die folgende Tabelle und zeichne die verschiedenen Endungen mit einem farbigen Stift nach.

| | | |
|---|---|---|
| 1. Person Singular | ich schlafe | |
| 2. Person Singular | | du spielst |
| 3. Person Singular | | |
| 1. Person Plural | | |
| 2. Person Plural | | ihr spielt |
| 3. Person Plural | sie schlafen | |

**2** Schreibe auf, wie die Grundform (der Infinitiv) der beiden Verben lautet.

______________________________________________

**3** Die Personalformen des Verbs „sein“ werden auf besondere Weise gebildet. Ergänze die folgende Tabelle um die fehlenden Formen.

| | **Singular** | **Plural** |
|---|---|---|
| 1. Person | ich ____________ | wir ____________ |
| 2. Person | du *bist* ____________ | ihr *seid* ____________ |
| 3. Person | er, sie oder es ____________ | sie ____________ |

## Das Verb und seine Zeitformen

Mit den Tempusformen des Verbs kann man Aussagen zur Vergangenheit (Präteritum), Gegenwart (Präsens) oder Zukunft (Futur) machen.

SB S. 183 ff.

## Die Geschichte der Glühbirne

In einer Feuerwache in Kalifornien leuchtet seit 1901 ununterbrochen dieselbe Glühbirne. Das behaupten zumindest die Leute dort.
Wenn es stimmt, ist diese handgeblasene Vier-Watt-Birne die älteste brennende Birne der Welt. Da eine Webcam auf die Glühbirne gerichtet ist, lässt sich jederzeit prüfen, ob sie noch brennt.
Als ihr Erfinder gilt der amerikanische Wissenschaftler Thomas Edison. Er erhielt dafür am 27. Januar 1880 das Patent[1] in den USA. Um das Patent wurde viel gestritten, denn einige andere hatten gleichzeitig auch ähnliche Glühlampen entwickelt. Edisons Glühlampe war jedenfalls die erste, die in Serie hergestellt wurde.
Der Tüftler baute in New York ein Elektrizitätswerk, das Haushalte und Fabriken mit Strom versorgte. Doch anfangs fand er nur wenige Kunden für seine Erfindung. Ab der Jahrhundertwende fanden dann allerdings immer mehr Menschen Gefallen am elektrischen Licht.
Seit dem 1. September 2012 werden in der Europäischen Union keine Haushaltsglühbirnen mehr verkauft, weil sie zu viel Energie verbrauchen. In einigen Ausnahmen kommen die Birnen mit Glühfaden aber noch zum Einsatz, zum Beispiel in Autoscheinwerfern oder im Bergbau.
In der Zukunft wird in privaten Haushalten die gute alte Glühbirne zunehmend durch LED-Lampen ersetzt werden. Die kleinen Leuchtdioden haben viele Vorteile, sie halten länger und spenden mehr Licht.

Glühbirne in der Feuerwehrwache in Kalifornien

**1** Unterstreiche in dem Text oben in unterschiedlichen Farben alle Verbformen, je nachdem, ob sie sich auf die Gegenwart, die Vergangenheit oder die Zukunft beziehen.

Das **Präsens** bezeichnet häufig etwas, was in der Gegenwart in diesem Augenblick geschieht.
Beispiel: Ich informiere mich gerade über die Zeitformen des Verbs.
Es kann aber auch etwas bezeichnen, was zu jeder Zeit gültig ist.
Beispiel: Wasser kocht bei 100 Grad Celsius.
Im Zusammenhang mit bestimmten Satzgliedern kann es aber auch etwas bezeichnen, was in der Zukunft liegt.
Beispiel: Morgen gehe ich in die Stadt.

Das **Präteritum** drückt aus, dass etwas vergangen ist. Es ist die übliche Form für das Erzählen und das Berichten.
Beispiele:
Im Jahre 1847 wurde der amerikanische Erfinder Thomas Edison geboren.
Es war einmal ein kleines Mädchen, das weder Vater noch Mutter hatte.

SB S. 184 f.

[1] **Patent:** Ein Patent ist ein Schutzrecht auf eine Erfindung. Das bedeutet, dass niemand anderes ohne Erlaubnis des Patentbesitzers die Erfindung nutzen darf.

**2** In dem Text auf S. 48 folgen diese beiden Sätze unmittelbar hintereinander:
„Als ihr Erfinder gilt der amerikanische Wissenschaftler Thomas Edison. Er erhielt dafür am 27. Januar 1880 das Patent in den USA." (Z. 6 f.)

Erkläre, warum der erste Satz im Präsens steht, der zweite dagegen im Präteritum. Nutze dazu die Informationen aus dem Infokasten oben.

______________________________________________

______________________________________________

______________________________________________

**3** Nun wird es etwas kniffliger: In einigen Sätzen des Textes auf S. 48 wird das Präsens als Ausdruck dafür gebraucht, dass etwas zu jeder Zeit gültig ist. In anderen Sätzen wird das Präsens als Ausdruck dafür gebraucht, dass etwas in der Gegenwart geschieht. Übernimm die Tabelle in dein Heft und trage die Sätze entsprechend ein.

| Das Präsens als Ausdruck dafür, dass etwas | |
|---|---|
| **in der Gegenwart geschieht:** | **zu jeder Zeit gültig ist:** |
| … | … |

## Starke und schwache Verben

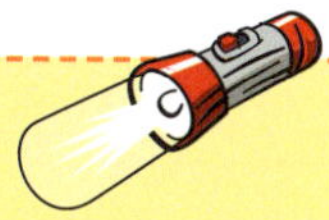

Man unterscheidet – übrigens nicht nur in der deutschen Sprache, sondern auch z. B. in der englischen – zwei unterschiedliche Typen von Verben: „starke" und „schwache".
Bei den **starken Verben** ändert sich bei der Bildung der unterschiedlichen Zeitformen der Vokal des Wortstammes:
ich s**i**nge – ich s**a**ng – ich habe ges**u**ngen

Bei **schwachen Verben** ändert sich der Stammvokal nicht. Das Präteritum – die Vergangenheitsform – wird durch die Nachsilben -te, -test, -ten und -tet gebildet:
ich stelle – ich stell**te** – du stell**test** – wir stell**ten** – ihr stell**tet**
SB **S. 185**

**1** Bilde die Vergangenheitsform der Verben und kreuze an, ob es sich um ein starkes oder ein schwaches Verb handelt.

| Verb | tragen | fließen | sagen | graben | legen | schießen | hoffen |
|---|---|---|---|---|---|---|---|
| Vergangenheitsform | | | | | | | |
| stark | | | | | | | |
| schwach | | | | | | | |

**2** In dem folgenden Text wurden die starken Verben falsch gebildet. Streiche die falschen Bildungen durch und schreibe die richtige Form darüber.

## Mein erster Ferientag

Zuerst bleibte ich lange im Bett liegen und schlafte mich richtig aus. Gegen 10 Uhr stehte ich auf, frühstückte, waschte mich und putzte mir die Zähne. Ich ziehte mich an und rufte dann meinen Freund Max an. Wir verabredeten uns zum Fußballspielen. Beim Spielen knickte ich mit einem Fuß um und dehnte mir die Bänder am Knöchel. Ich humpelte nach Hause und meine Mutter fahrte mich zum Arzt. Der verbindete meinen Knöchel und gebte mir Krücken zum Laufen. „Schöner Ferienbeginn!“, denkte ich.

## Der Imperativ – die Befehlsform

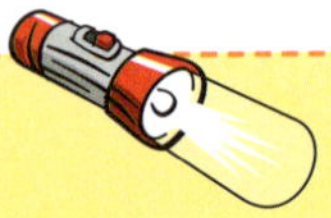

Mit der Verbform **Imperativ** kannst du jemanden zu etwas auffordern. Dabei kann es sich um eine **Bitte**, einen **Rat** oder einen **Befehl** handeln.
Du kannst die Aufforderung an eine einzelne Person (Imperativ Singular) oder an mehrere Personen (Imperativ Plural) richten:
Schlag im Wörterbuch nach! – Schlagt im Wörterbuch nach!

**1** Bilde zu den Infinitiven in der Tabelle jeweils den Imperativ Singular und den Imperativ Plural.

| Infinitiv | Imperativ Singular | Imperativ Plural |
|---|---|---|
| laufen | *Lauf(e)!* | |
| springen | | |
| wachen | | |
| kommen | | |
| aufpassen | | |
| bremsen | | |

Bei einigen Verben ändert sich der **Stammvokal**, wenn du den Imperativ Singular bildest. Das ist bei den Verben der Fall, die auch in der zweiten und dritten Person Singular ihren Stammvokal ändern: **le**sen – du **lie**st/sie **lie**st – **lie**s!

**2** Trage die Imperativformen in die Tabelle ein.

| Infinitiv | Imperativ Singular | Imperativ Plural |
| --- | --- | --- |
| sprechen | | |
| nehmen | | |
| geben | | |
| befehlen | | |
| sehen | | |
| lesen | | |
| helfen | | |
| messen | | |
| treffen | | |

# Das Adjektiv

Die deutsche Bezeichnung für die Wortart **Adjektiv** ist **Wiewort** oder **Eigenschaftswort**.
**Adjektive** geben die **Eigenschaften von Dingen, Lebewesen und Pflanzen** an:
das **grüne** Auto
der **hohe** Berg
Sie können auch eine **Tätigkeit, einen Vorgang oder einen Zustand** näher kennzeichnen:
Er läuft **schnell**.

Adjektive schreibt man klein.
SB **S. 189 ff.**

**1** Lies den folgenden Text auf S. 52 über die Yaks, eine Rinderart, die in Zentralasien lebt. Schreibe anschließend auf, welche körperlichen Merkmale/Eigenschaften die Yaks dazu befähigen, auf den Höhen des Himalaya-Gebirges zu überleben.

## Tief durchatmen!

In der dünnen, sauerstoffarmen Luft auf den Gipfeln des Himalaya ringen Bergsteiger bibbernd um Atem. Yaks hingegen bringt die Höhe nicht zum Japsen. Selbst auf 6 000 Metern fühlen sich die Rinder noch ziemlich wohl. Denn ihre roten Blutkörperchen können eine Extraportion Sauerstoff aufnehmen. Obendrein haben Yaks besonders große Lungen, können pro Atemzug also besonders viel Luft aufnehmen. Das extragroße Herz verteilt den darin enthaltenen Sauerstoff anschließend im ganzen Körper. Gegen Temperaturen bis minus 40 Grad Celsius schützt die Yaks übrigens ihr zottiges Fell und ein Trick: Wird ihnen kalt, atmen sie einfach seltener – manchmal nur siebenmal pro Minute. So strömt die eisige Luft nicht ständig durch ihren Körper. Warmes Wetter hingegen vertragen die Rindviecher schlecht: Weil sie kaum schwitzen können, nehmen sich Yaks schon ab 20 Grad Celsius hitzefrei und dösen reglos im Schatten.

Körperliche Merkmale/Eigenschaften der Yaks:

- ____________________
- ____________________
- ____________________
- ____________________

TIPP Als Hilfe findest du hier vier Stichwörter, allerdings rückwärts geschrieben: nehcrepröktulB, zreH, nemta, lleF.

**2** Unterstreiche in dem Text alle Adjektive.

**3** Schreibe eine kurze Erklärung auf, warum in einer Beschreibung – wie hier bei den Yaks – so viele Adjektive vorkommen.

____________________

____________________

____________________

____________________

TIPP Vergleiche einmal die folgenden beiden Sätze:

- In der dünnen, sauerstoffarmen Luft auf den Gipfeln des Himalaya ringen Bergsteiger bibbernd um Atem.
- In der Luft auf den Gipfeln des Himalaya ringen Bergsteiger um Atem.

**4** In dem folgenden Text über Hundewelpen fehlen die Adjektive. Überlege, welches Adjektiv jeweils passen könnte, und setze es ein. Vergleiche dein Ergebnis mit dem einer Lernpartnerin oder eines Lernpartners.

## Welpen

Die trächtige Hündin ist schon ____________________. Sie verweigert die Nahrung, schnüffelt in allen Ecken herum und versucht, ein „Nest“ zusammenzukratzen. Bald werden die ____________________ Hunde zur Welt kommen. In den ____________________ Morgenstunden wird der erste Welpe „geworfen“. Er zappelt noch in der Fruchtblase. Die Hündin reißt die Fruchtblase auf und zerbeißt dann die Nabelschnur. Mit ____________________, ____________________ Haaren liegt das Junge nun frei und wird von der Hündin ____________________ geleckt. Junge Welpen sind recht ____________________: Ihre Augen sind geschlossen; der viel zu ____________________ Kopf sinkt immer wieder zu Boden; sie können weder stehen noch gehen, sondern nur ____________________ kriechen. Ihre Entwicklung ist also noch nicht abgeschlossen. Man bezeichnet sie deshalb als Nesthocker.

Solltest du Schwierigkeiten haben, ein passendes Adjektiv zu finden, findest du hier einen Wortspeicher. Die Adjektive stehen dort in ungeordneter Reihenfolge und rückwärts geschrieben. TIPP

| |
|---|
| nessan • negnuj • nehürf • netbelkrev • neflohebnu • nekcort • solflih • eßorg • gihurnu |

Viele Adjektive kann man steigern. Man unterscheidet dabei den **Positiv** (die Grundstufe), den **Komparativ** (die Vergleichsstufe) und den **Superlativ** (die Höchststufe):
hoch – höher – am höchsten
SB **S. 189 f.**

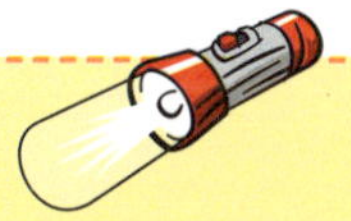

## Klein und fein

Die Bienenelfe, eine Kolibriart, ist der kleinste Vogel der Welt. Vom Schnabel bis zur Schwanzspitze bringt sie es auf etwa fünf Zentimeter Länge und ein Gewicht von rund 1,8 Gramm. Die Bienenelfe ist damit etwa so groß wie ein Daumen und leichter als eine Straußenfeder. Bienenelfen legen auch die kleinsten Vogeleier der Welt: Sie sind so klein wie eine Erbse.

**5** Unterstreiche in dem Text über die Bienenelfe jeweils in unterschiedlicher Farbe den Positiv, den Komparativ und den Superlativ der Adjektive.

**6** Schreibe auf, welche Wirkung es für die Leserin oder den Leser hat, dass in dem Text über die Bienenelfe an einigen Stellen der Komparativ bzw. der Superlativ der Adjektive benutzt wird.

Manche Adjektive kann man nicht steigern, weil sie bereits auf der Grundstufe etwas Endgültiges ausdrücken oder keine Abstufung möglich ist, z. B.: superdünn.

**7** Streiche in der folgenden Auflistung alle Adjektive durch, die man nicht sinnvoll steigern kann:

klein, tot, rechteckig, rund, schön, sonderbar, freundlich, haltbar, bunt, leer, uralt

# Das Pronomen

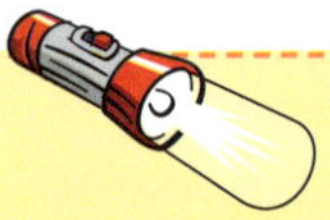

Die deutsche Bezeichnung für **Pronomen** ist **Fürwort**. Man unterscheidet unter anderem **Personalpronomen** und **Possessivpronomen**.

- **Personalpronomen** (persönliche Fürwörter) stehen für ein Nomen, sie können es also ersetzen:
  der Mann – **er**
  die Frau – **sie**
  das Mädchen – **es**
- **Possessivpronomen** (besitzanzeigende Fürwörter) zeigen den Besitz oder die Zugehörigkeit an. Sie stehen fast immer vor dem Nomen, auf das sie sich beziehen:
  **mein** Haus, **deine** Klasse, **euer** Lehrer

Pronomen werden wie Nomen dekliniert.

SB **S. 192 ff.**

**1** Ersetze in den folgenden Sätzen das unterstrichene Nomen jeweils durch ein passendes Personalpronomen. Unterstreiche anschließend die Personalpronomen.

Beispiel: Anke gibt Mareike ein Buch.
*Sie gibt ihr ein Buch.*

- Die Klasse besucht den Lehrer.

- Das Auto ist ins Schleudern geraten.

- Die Häuser versperren den Besuchern den Blick.

- Der Briefträger ist von dem kleinen Pudel gebissen worden.

**2** Beim Gebrauch der Personalpronomen musst du aufpassen, damit es nicht zu Missverständnissen kommt. Verbessere die folgenden Sätze so, dass kein Missverständnis aufkommen kann. Du darfst dazu auch andere Wörter benutzen als die, die in den Sätzen vorkommen.

- Mein Vater und meine Schwester beobachteten die Seehunde. Sie wurden mit Heringen gefüttert.
- Die Magd füttert die Gans. Sie schnattert laut vor Vergnügen.
- Mein Vater verfolgte die Fütterung des Adlers. Er frisst gerne Mäuse und Küken.

Erich Kästner (1899 – 1974)

## Münchhausen – Aus dem Vorwort

Erich Kästner hat nicht nur Romane für Kinder geschrieben, sondern er hat ebenso Geschichten, die ursprünglich gar nicht für Kinder erzählt worden waren, so umgeschrieben, dass Kinder sie verstehen und ihren Spaß daran haben. Das sind Geschichten über die Schildbürger, Till Eulenspiegel und dann auch von dem Baron Münchhausen.
Dieser hat wirklich gelebt und zwar von 1720 – 1797 in Bodenwerder an der Weser, aber er hat auch sehr viele Reisen unternommen.
Bekannt geworden ist er durch seine Lügengeschichten, die er seinen Freunden am Abend vor dem Kamin erzählt hat. Über diese Lügengeschichten schreibt Erich Kästner Folgendes:

Und was an den Geschichten ist denn nun so erstaunlich? Sie stecken voll der tollsten Lügen! Mitten in Berichten über Reisen, die er wirklich gemacht, und Kriege, an denen er wirklich teilgenommen hat, tischt Münchhausen uns Lügen auf, dass sich die Balken biegen! Durch Lügen kann man also berühmt werden? Freilich! Aber nur, wenn man so lustig, so fantastisch, so treuherzig und so verschmitzt zu lügen versteht wie Münchhausen, nicht etwa, um die Leser zu beschwindeln, sondern um sie, wie ein zwinkernder Märchenerzähler, mit ihrem vollen Einverständnis lächelnd zu unterhalten.
Dass ihr mir also nicht nach Hause kommt und sagt: „Denk dir, Mama, ich hab' eben mit einem Auto gesprochen, und das Auto meinte, es gäbe morgen Regen!“ Durch solche Lügen wird man nicht berühmt. So zu lügen wie Münchhausen ist eine Kunst.

Münchhausen auf dem Mond. Illustration von Oskar Herrfurth

**3** Schreibe kurz in deinen Worten auf, was das Besondere der Lügengeschichten von Münchhausen ist.

**4** Unterstreiche in dem Text alle Personalpronomen.

**5** In Zeile 8 benutzt Kästner das Personalpronomen der zweiten Person Plural. Schreibe auf, wen er damit anspricht.

## Erich Kästner

Ein anderes Mal, aber im gleichen Jagdrevier, stieß ich ganz unerwartet auf einen kapitalen[1] Hirsch, und ausgerechnet an jenem Morgen hatte ich gerade die letzte Flintenkugel verschossen! Das stattliche Tier schien das zu ahnen und blickte mir, statt auszureißen, beinahe ein bisschen unverschämt ins Gesicht. Weil mich das ärgerte, lud ich meine Büchse[2] mit Pulver, streute eine Handvoll Kirschkerne drauf, die ich in meiner Rocktasche gehabt hatte, zielte zwischen das Geweih des Hirsches und schoss. Er taumelte, als sei er betäubt, trabte dann aber davon.

Ein oder zwei Jahre danach jagte ich wieder einmal im gleichen Revier, und plötzlich tauchte vor mir ein prächtiger Hirsch auf mit einem veritablen[3] Kirschbaum zwischen dem Geweih! Warte!, dachte ich, diesmal entkommst du mir nicht! Ich streckte ihn mit einem Blattschuss[4] nieder. Und da sein Kirschbaum voller Kirschen hing, gab es am nächsten Sonntag Hirschrücken mit Kirschtunke. Ich kann euch sagen, es war ein delikates[5] Essen!

**6** Erich Kästner hat den einzelnen Geschichten keine Überschrift gegeben. Finde du eine für diese Geschichte und schreibe sie auf die Zeile über dem Text.

**7** Schreibe in ganzen Sätzen auf, was an dieser Geschichte offensichtlich gelogen ist.

**8** Unterstreiche in unterschiedlichen Farben alle Personal- und Possessivpronomen.

---

[1] **kapital:** sehr groß
[2] **Büchse:** hier: Gewehr
[3] **veritabel:** beeindruckend, Erstaunen weckend
[4] **Blattschuss:** Schuss hinter das Schulterblatt
[5] **delikat:** sehr wohlschmeckend

**9** An einem Personalpronomen kann man erkennen, dass Münchhausen vor einer Zuhörerschaft erzählt. Schreibe das Personalpronomen mit der Zeilenangabe auf.

# Die Präposition

**Präpositionen** (deutsch: **Verhältniswörter**) geben an, in welchem **Verhältnis Personen oder Gegenstände zueinander stehen**. Dies ist oft ein **räumliches Verhältnis** (auf, neben, unter, über), ein **zeitliches Verhältnis** (bis, nach, vor) oder ein **ursächliches Verhältnis** (wegen, infolge, aufgrund).

SB **S. 197 ff.**

Hans Joachim Schädlich (geb. 1935)

## Der Sprachabschneider

In dem Jugendroman „Der Sprachabschneider“ von Hans Joachim Schädlich geht es um den Jungen Paul, ein ganz normaler Junge, der gerne Fußball spielt und ungerne Hausaufgaben macht. Eines Tages klingelt es an der Haustür und davor steht ein Mann namens Vielolog. Dieser bietet ihm an, alle Hausaufgaben für Paul zu erledigen, wenn er ihm dafür alle Präpositionen und bestimmten Artikel gibt. Paul versteht erst nicht, wie das funktionieren soll, aber der Herr Vielolog sagt, er brauche nur zu unterschreiben, was Paul denn auch tut.

[...] Paul sagt: „In Ordnung. Ich gebe dir meine Präpositionen und die bestimmten Artikel.“ Er führt den Mann in sein Zimmer. Vielolog stellt den großen grünen Regenschirm in die Ecke, öffnet den Holzkoffer und holt einen Notizblock heraus. Während er die Quittung schreibt, kann Paul sehen, was in dem Koffer ist. Es sind kleine Holzkästchen und auf jedem Holzkästchen klebt ein Zettel. Paul liest auf dem Zettel das Wort „Pronomen“ und einen Namen, der ihm sehr bekannt vorkommt. Es ist ein Junge aus der achten Klasse, erinnert sich Paul, und er denkt: Bin ich ja nicht der Einzige. Vielolog, der an Pauls Tisch sitzt, überreicht Paul die Quittung und macht sich sogleich an die Hausaufgaben. Paul steckt die Quittung in die Hosentasche und sagt: „Ich gehe Sportplatz.“ Da lächelt Vielolog zufrieden.

**1** Erkläre, was Paul meint, als er denkt: „Bin ich ja nicht der Einzige“ (Z. 7).

**2** Erkläre, warum Vielolog zufrieden lächelt.

_______________________________________________

_______________________________________________

_______________________________________________

Am Abend will Pauls Mutter wissen, ob Paul seine Hausaufgaben erledigt hat. „Ja“, sagt Paul.
„Und was hast du sonst noch gemacht?“, fragt Pauls Mutter.
„Och“, sagt Paul, „ich war Fußballtraining. Hinterher saßen wir noch Eisdiele.“
Pauls Mutter starrt Paul an, sagt aber nichts. Sie denkt: Vielleicht hat sich Paul wieder etwas Neues ausgedacht.
Als er von dem Regen erzählt, den er am Morgen erlebt hat, sagt Paul: „Regen stürzte Straßenbahn wie haushohe Wellen ein Schiff.“
Pauls Mutter sagt: „Du kannst mir doch nicht erzählen, dass die Straßenbahn von dem Regen umgefallen ist!“
„Hab ich doch gar nicht gesagt!“, sagt Paul.

**3** Schreibe auf, was Paul eigentlich sagen wollte.

_______________________________________________

_______________________________________________

**4** Erzähle eine Fortsetzung der Geschichte. Stelle dir dabei vor, wie es Paul ergeht, als er in der Schule mit seinen Freunden und seinen Lehrern redet. Beschreibe auch, wie seine Freunde und Lehrer reagieren. Schreibe die Fortsetzung in dein Heft.

**5** Wem es schwerfällt, eine Fortsetzung der Geschichte zu schreiben, der kann auch diese Aufgabe bearbeiten:
Stelle dir vor, Paul hätte einen Text über bekannte Märchengestalten geschrieben. Der sähe dann aus wie der Text unten. Schreibe ihn in der richtigen Form in dein Heft.

## Lauter bekannte Märchengestalten?

Einem riesigen Wald lebten einmal einer alten Holzhütte sieben Zwerge. Diese machten sich eines Tages auf, um ihre Freundinnen Aschenputtel und Dornröschen den Sieben Bergen zu besuchen. Unterwegs trafen sie einem Brunnen einen Frosch. Dieser erzählte, er sei einmal langer Zeit ein Prinz gewesen und einer bösen Fee einen Frosch verwandelt worden. Er warte hier die Königstochter, die ihn seiner Lage erlösen solle. Der Frosch ließ sich überreden, ihnen zu kommen. Unterwegs traf die seltsame Gruppe ein Schneiderlein, das gerade einem spannenden Kampf zwei Riesen besiegt hatte und einen Gürtel trug der Aufschrift: „Ach wie gut, dass niemand weiß, dass ich Rumpelstilzchen heiß.“ Das Schneiderlein trug außerdem der großen Entfernung, die es zurücklegen wollte, Siebenmeilenstiefel ...

**Zur Kontrolle:** Du musst 13 Präpositionen einsetzen.

# Lösungen

## Kleines Lesetraining

**Seite 4** 1 Da der Roman unmittelbar nach dem Zweiten Weltkrieg geschrieben wurde, könnte es in der Konferenz darum gehen, wie man in Zukunft Kriege vermeiden kann. Die Konferenz könnte ergebnislos geblieben sein, weil die Menschen sich untereinander nicht einigen können.

**Seite 4** 2 Text A:
Die Zeile 8 ist mit der Zeile 9 und die Zeile 12 mit der Zeile 13 vertauscht.

Text B: Es sind Wörter weggelassen worden:
Zeile 1: Elefant
Zeile 3: alles
Zeile 7: das Zelt
Zeile 14: blond

Text C: Es wurden Wörter hinzugefügt:
Zeile 1: umsonst
Zeile 3: hohen
Zeile 6: Räume
Zeile 7: grüne
Zeile 9: schlafen
Zeile 11: mit

Text D: Es haben sich sechs falsche Begriffe eingeschlichen.
Zeile 1: „Flugzeugen“ statt „Menschen“
Zeile 2: „müde“ statt „laut“
Zeile 4: „Tasse“ statt „Idee“
Zeile 5: „Denn“ statt „Warum“
Zeile 6: „ging“ statt „rief“
Zeile 8: „oben“ statt „zu“

**Seite 7** 3 Folgende Begriffe treffen zu:
Zeile 1: Telefonleitungen
Zeile 3: Schnäbeln
Zeile 4: trennen
Zeile 6: taubstumm
Zeile 8: merkwürdig
Zeile 12: blamieren
Zeile 13: donnerte
Zeile 15: Angstmeier
Zeile 17: Arten
Zeile 19: Minuten
Zeile 20: trennen

**Seite 7** 4
a) Die Tiere ärgern sich darüber, dass die Menschen zwar viele Fähigkeiten haben, diese aber nur dazu nutzen, um Kriege, Revolutionen und Streiks auszulösen.
b) Sie beschließen, eine Konferenz abzuhalten, auf der sie beraten wollen, wie sie die Menschen dazu bewegen können, Frieden zu schaffen.

**Seite 7** 5 Freie Aufgabe

# Interessant und anschaulich erzählen

## Von einem Erlebnis erzählen

**Seite 8** 1 Freie Aufgabe

**Seite 8** 2 Die Überarbeitungsvorschläge stehen im Schülerheft auf S. 9.

**Seite 9** 3 Beispiel:
Im Wald verlaufen
Für den Mittwochabend hatten unsere Gruppenleiter eine Nachtwanderung angekündigt. Sie sollte um 22 Uhr beginnen und durch ein Waldgebiet führen. Wir waren schon sehr gespannt und freuten uns, aber ein bisschen unheimlich war uns auch. „Ich weiß nicht", sagte Lina, „ nachts, im Dunkeln, im Wald? Hoffentlich verlaufen wir uns nicht." Wenn wir gewusst hätten, was auf uns zukommen sollte, wären wir bestimmt nicht mitgegangen.
Um 22 Uhr ging es dann wirklich los. Meine Freundinnen und ich bildeten eine Gruppe und wie immer hatten wir uns viel zu erzählen. Plötzlich merkten wir, dass wir die anderen Gruppen nicht mehr sehen konnten. Wir machten uns aber noch keine großen Gedanken und gingen weiter. Schließlich kamen wir an eine Weggabelung. „Was machen wir nun?", fragte ich aufgeregt. „Gehen wir nach rechts oder nach links? Welchen Weg haben die anderen genommen?" „Keine Ahnung", antwortete Aishe. „Wir müssen uns wohl für einen Weg entscheiden." „Und wenn es der falsche Weg ist?", fragte ich. „Ich schlage vor, dass wir nach rechts gehen", sagte Lina bestimmt, „ich weiß zwar auch nicht, wohin der Weg führt. Aber wir werden schon aus dem Wald finden." Also gingen wir nach rechts. Der Weg wurde immer dunkler. Und dann wurde auch noch das Licht unserer Taschenlampen immer schwächer. Wir hatten sie in der letzten Nacht zu lange brennen lassen. „O nein", rief ich. „Nicht das noch!" Wir beschlossen, nur noch eine Lampe zu benutzen. Dadurch wurde der Weg noch dunkler. Wir hörten von allen Seiten unheimliche Geräusche. Hier raschelte es, da knackte ein Ast – jedes Mal zuckten wir zusammen. Und dann flog auch plötzlich ein schwarzer Schatten direkt über unsere Köpfe hinweg – vor Schreck blieb ich starr stehen. „Was war das?", fragte ich mit zitternder Stimme. „Wahrscheinlich ein Uhu auf Beutejagd", beruhigte mich Lina. Aber auch ihr stand der Schrecken ins Gesicht geschrieben.
Nach einer Zeit, die uns unendlich lange erschien, hörten wir auf einmal Stimmen, die unsere Namen riefen. „Da sind die anderen", rief Aishe. „Hallo! Hier sind wir!" Und wie der Blitz liefen wir in die Richtung, aus der die Stimmen kamen. Ich glaube, so froh war ich noch nie, als hinter der nächsten Kurve der Suchtrupp auftauchte. Bei der nächsten Nachtwanderung werden wir bestimmt mehr auf die Gruppe achten.

## Nach einer Bildergeschichte erzählen

**Seite 9** 1 Die Bilder stehen in folgender Reihenfolge: 5 – 4 – 1 – 6 – 3 – 2
Stichworte zu den Bildern:
**Bild 2:** Herr Kaiser und Fritzchen spielen Willi einen Streich und spritzen ihn nass.
**Bild 3:** Herr Kaiser und Fritzchen lachen laut. Willi schüttelt sich. Er ist verärgert.
**Bild 4:** Herr Kaiser und Fritzchen wässern wieder die Blumen. Willi schleicht sich heran.
**Bild 5:** Dackel Willi beißt ein Loch in den Gartenschlauch.
**Bild 6:** Aus dem Loch spritzt Wasser. Herr Kaiser und Fritzchen werden nass.

**Seite 10** 1
- ☒ Was ist das zentrale Ereignis?
- ☒ Wer ist an dem Geschehen beteiligt?
- ☒ Wie ist es zu dem Ereignis gekommen?

☐ Wer könnte der Erzähler sein?
☐ Soll das Erlebnis in der Ich-Form oder der Er-Form geschrieben sein?

**Seite 11** 2

☐ Dackel Willi beobachtet einen Schmetterling.
☒ Der Dackel rächt sich dafür, dass er nass gespritzt worden ist.
☐ Herr Kaiser und sein Sohn Fritzchen spritzen den Dackel Willi nass.

**Seite 11** 3

☒ Der Dackel
☒ Der Vater
☐ Die Mutter, die in der Garage beschäftigt ist
☒ Ein Erzähler, der nicht an dem Geschehen beteiligt ist, es aber beobachtet hat
☒ Der Sohn
☐ Der Schmetterling
☒ Der Gartenschlauch

**Seite 11** 4

Die Mutter kommt als Erzählerin nicht infrage, weil sie das Ereignis nicht mitbekommen hat. Auch der Schmetterling hat nur einen Teil des Ereignisses miterlebt.

**Seite 11** 5

Siehe Lösung zu Aufgabe 3.

**Seite 11** 6

a) Da stand ich nun, nass von Kopf bis Fuß, pardon: vom Kopf bis zu den Pfoten. Ärgerlich schüttelte ich mich, um das Wasser loszuwerden.
Erzähler: Der Dackel
b) Zusammen mit Herrn Kaiser und seinem Sohn freute ich mich über den begossenen Dackel. Aber meine Schadenfreude sollte ich noch bereuen.
Erzähler: Der Gartenschlauch
c) Wir begaben uns wieder zu dem Rosenstrauch, um ihn weiter zu bewässern. Wir konnten doch nicht ahnen, was Willi vorhatte, um sich zu rächen.
Erzähler: Der Vater oder der Sohn
d) Es war an einem herrlichen Sommertag, als Herr Kaiser mit seinem Sohn in den Garten ging, den Gartenschlauch anschloss und begann, die Rosen zu wässern.
Erzähler: Ein unbeteiligter Erzähler

**Seite 12** 1, 2

| | |
|---|---|
| e/l | (Was dann geschah, sollte meine Erwartungen bei Weitem übertreffen.) |
| l | Ich könnte mich heute noch vor Lachen schütteln, wenn ich an das Ereignis zurückdenke. D |
| e | Ich weiß nicht, ob ich mich in meinem Leben je mehr geärgert habe als an diesem Tag. V, S, G |
| e/l | An diesen Tag sollten sie noch lange zurückdenken. D |
| e/l | (Kurz darauf begann dann das große Durcheinander. ) |
| e | (Noch heute bekomme ich eine Gänsehaut, wenn ich an die Nacht im Wald denke.) |

**Seite 13** 1

Freie Aufgabe, Beispiele:
Angst:
- Seine Beine waren schwer wie Blei.
- Ich bekam feuchte Hände.
- Die Haare standen mir zu Berge.
- Mir rutschte beinahe das Herz in die Hose.

Freude:
- Vor Freude machte er einen Luftsprung.
- Jubelnd stürzten meine Mitschüler auf mich zu.
- Zufrieden rieb er sich die Hände.

Wut:
- Mir schossen Tränen in die Augen.
- Sein Gesicht lief knallrot an.

- Zornig stampfte sie mit dem Fuß auf den Boden.

Enttäuschung/Trauer:
- Mir kamen die Tränen.
- Ihre Mundwinkel sanken nach unten.
- Niedergeschlagen schlich er davon.

**Seite 14** 1 Beispiel: Mein Vater flüsterte mir zu: „Pass auf. Unserem Willi ist es bestimmt zu warm. Wir werden ihm einmal eine kleine Abkühlung verschaffen."

**Seite 14** 2 Beispiel: Voller Panik dachte ich: „Nein! Was hat der Hund vor. Er wird doch nicht …"

**Seite 15 oben** 1

**Glückssache**

Die Schule ist aus. Anna, Lukas und Jan laufen nach Hause. „Und was machen wir am Nachmittag?", <u>fragt Jan</u>. „Ich weiß", <u>sagt Lukas</u>. „Wir werfen eine Münze. Bei Zahl gehen wir schwimmen. Bei Kopf gehen wir ins Kino." „Fein", <u>sagt Anna</u>, „und wenn die Münze auf dem Rand stehen bleibt, machen wir Hausaufgaben!"

**Seite 15** 2

**Wunder**

**„**Wenn dein Vater wüsste, wie faul du in der Schule bist, würde er bestimmt graue Haare bekommen**"**, ärgert sich die Lehrerin über den kleinen Faulpelz.
**„**Da würde sich mein Vater sicher freuen. Er hat nämlich eine Glatze**"**, erwidert der Schüler grinsend.

**Gefährliche Rechtschreibung**

Die Lehrerin sagt zu Fritzchen: **„**Du hast Löwe kleingeschrieben, alles, was man anfassen kann, schreibt man groß!**"** Daraufhin erwidert Fritzchen: **„**Versuchen Sie doch mal, einen Löwen anzufassen!**"**

**Seite 15 unten** 1 Beispiele: eine Radtour unternehmen, eine Dose öffnen, eine Tür schließen, ein Kalenderblatt abreißen, ein Loch in den Sand graben, eine Jacke zuknöpfen, eine Schleife binden, sich beeilen, trödeln

**Seite 16** 2 Beispiele: zweifelnd den Kopf schütteln, angestrengt nachdenken, lauthals lachen, vorsichtig näher kommen, enttäuscht weggehen, sich überrascht umdrehen, trotzig schweigen, erschöpft niedersinken, jubelnd in die Luft springen, entsetzt aufschreien, herzhaft in einen Apfel beißen

**Seite 16** 3, 4

| **streiten** | **essen** | **sehen** |
|---|---|---|
| ärgern | verspeisen | spähen |
| kämpfen | fressen | erblicken |
| raufen | *vertilgen* | *schauen* |
| *schimpfen* | *knabbern* | *beobachten* |
| *zanken* | *schlemmen* | *zuschauen* |
| *verspotten* | *futtern* | *gucken* |

**Seite 17 oben** 1

- ☐ Nie wieder werde ich einen Schmetterling betrachten.
- ☐ Hoffentlich regnet es bald.
- ☒ Jetzt liege ich nutzlos aufgerollt im Gartenhäuschen und warte darauf, dass meine Löcher geflickt werden. Kann mir einmal jemand sagen, was ich eigentlich mit der Geschichte zu tun habe?

**Seite 17 unten** 1 Die Überschrift ist zu lang und sie macht die Leserin oder den Leser nicht neugierig auf die Geschichte.

**Seite 17** 2

☒ Pech gehabt
☒ Eine unverdiente Strafe
☐ Undank
☒ Unschuldig gebissen

**Seite 18** 1, 2, 3

Freie Aufgaben

# Mit Sachtexten umgehen

## Zu Textabschnitten eine passende Überschrift finden

**Seite 20** 1

1. Vorstellung des Mimik-Oktopus/Vorstellung des Verwandlungskünstlers
2. Täuschung von Feinden und Anlocken von Beute
3. Körperliche Voraussetzungen für die Verwandlung/So schafft es der Mimik-Oktopus, sich zu verwandeln
4. Das Nachahmen anderer Tiere
5. Auszeichnung für den Mimik-Oktopus

**Seite 20, 21** 2, 3

☐ In dem Text „Ausgezeichnete Nachahmer“ wird dem Mimik-Oktopus vorgeworfen, andere Tiere zu täuschen.
☒ In dem Text „Ausgezeichnete Nachahmer“ wird der Leser darüber informiert, wie der Mimik-Oktopus sich vor Feinden schützt und Nahrung für sich anlockt.
☒ In dem Text „Ausgezeichnete Nachahmer“ wird erklärt, wie der Mimik-Oktopus es schafft zu überleben.
☐ In dem Text „Ausgezeichnete Nachahmer“ wird über die Tiere informiert, die auf die Tricks des Mimik-Oktopus hereinfallen.

**Seite 21** 4

Das Besondere am Mimik-Oktopus ist, dass er sich so verwandeln kann, dass er anderen Tieren ähnlich sieht. Damit kann er Feinde abschrecken und Beute anlocken.

## Fragen zu einem Text beantworten

**Seite 21** 1

a) Der Fuchs lebt nicht in Rudeln, sondern als Einzelgänger. Nur in der Paarungszeit bleiben Füchse für eine kurze Zeit mit ihrem Partner zusammen.
b) Füchse haben einen hervorragenden Geruchssinn und ein hervorragendes Gehör.
c) Füchse graben oft keinen eigenen Bau, sondern nutzen vorhandene Baue von Dachsen oder Kaninchen. Sie bevorzugen Baue mit einem Ausgang zur Sonnenseite.
d) Wenn sie im Bau sind, leben sie friedlich miteinander.

## Einen Text mit Randanmerkungen versehen

**Seite 23** 1

**Welche Aufgaben hat das Skelett?**
Beim Laufen, Springen oder Turnen wird dein Körper stark belastet. Er muss Erschütterungen ausgleichen, Stöße abfangen und beweglich sein. Wie ist das möglich? Über 200 Knochen sorgen dafür: Sie sind zu einem Knochengerüst, dem Skelett, zusammengesetzt. Es verleiht dir Halt und schützt deinen Körper. Darum sind die Knochen besonders geformt und sinnvoll miteinander verbunden.

*Skelett: Knochengerüst*
*aus 200 Knochen*
*Schutz und Halt*
*Knochen besonders*
*geformt und verbunden*

Das Kopfskelett ist besonders widerstandsfähig. Hier sind harte Knochenplatten zu einem starken Schutzpanzer miteinander verwachsen. Ihre gezackten Verwachsungsstellen bezeichnet man als Knochennähte. Dieser Gehirnschädel mildert Stöße ab und schützt dadurch das Gehirn.
Am Rumpfskelett fällt zunächst die Wirbelsäule auf. Sie trägt den Kopf und den Brustkorb und ist im Becken fest verankert. Der Brustkorb schützt Herz und Lungen weitgehend vor Verletzungen. Zu ihm gehören zwölf Paar Rippen, die mit der Wirbelsäule beweglich verbunden sind. Sie krümmen sich bogenförmig nach vorn.
Am beweglichsten sind die Arme und Beine. Man bezeichnet sie als obere und untere Gliedmaßen. Ihre große Beweglichkeit hängt mit dem Aufbau zusammen. So besteht jeder Arm und jedes Bein aus 30 Knochen. Die Gliedmaßen enthalten also mehr als die Hälfte aller Knochen unseres Skeletts.

*Kopfskelett: widerstandsfähig*

*Gehirnschädel schützt Gehirn*

*Wirbelsäule trägt Kopf und Brustkorb, im Becken verankert*

*Brustkorb schützt Herz und Lungen*

*Arme und Beine: jeder Arm und jedes Bein mehr als 30 Knochen, große Beweglichkeit*

## Eine Mindmap erstellen

**Seite 24** 1

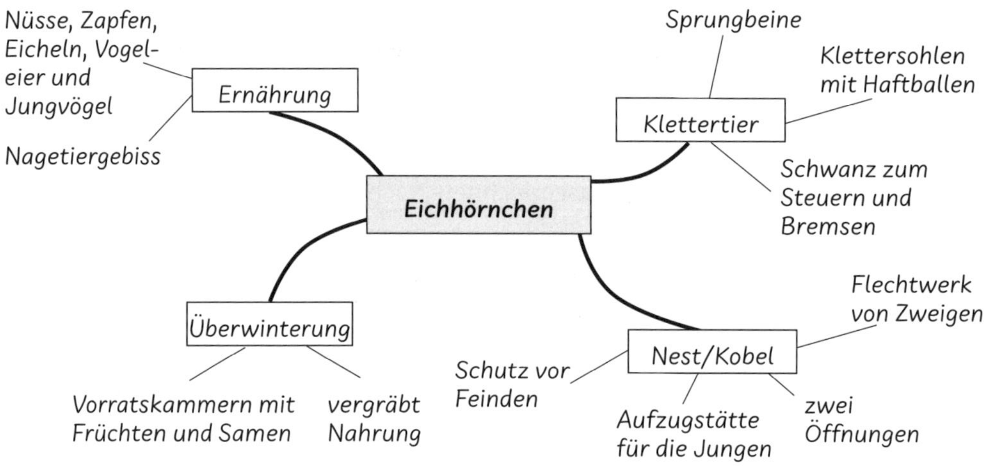


**Seite 25** 2

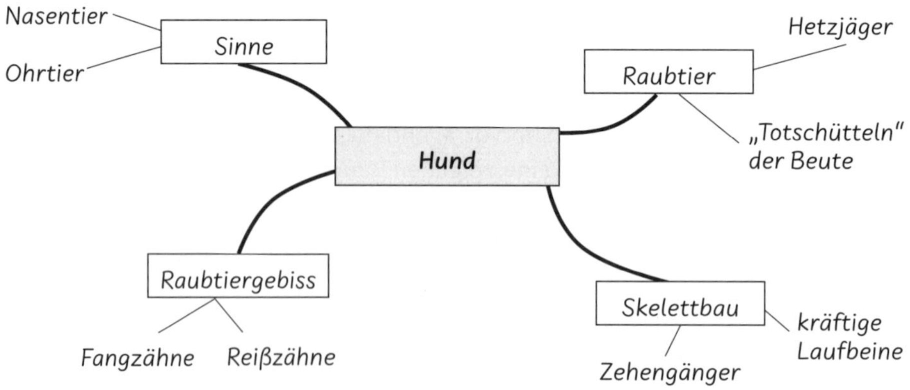


## Einen Text markieren

**Seite 26 oben** 1

**Spechte sind Baumbewohner**
Der Specht ist für ein Leben auf Bäumen geschaffen. Mit kleinen Sprüngen hüpft er mühelos den Stamm hinauf. Die Kletterfüße verankern sich dabei in der rauen Borke. Ihre vier Zehen sind mit scharfen, gebogenen Krallen ausgestattet. Zwei Zehen sind nach vorn

gerichtet. Sie wirken wie Aufhängehaken. Die beiden anderen Zehen stehen nach hinten und dienen als Stützen. Der Schwanz mit den besonders starken Schwanzfedern wird beim Sitzen gegen den Stamm gestemmt. Dieser Stützschwanz gibt einen sicheren Halt und verhindert ein Abrutschen nach unten.
Wenn du Glück hast, kannst du auch beobachten, wie der Specht zwischen der Borke oder im morschen Holz geschickt nach Beute spürt. Durch kräftige Hiebe mit dem langen, keilförmigen und sehr harten Schnabel werden Insekten oder Larven freigelegt. An diesem Meißelschnabel fällt der kantige Oberschnabel auf. Er besitzt vorn eine senkrechte Schneide und überragt den Unterschnabel ein wenig. Schnabel, Kopf und Hals bilden bei diesem „Zimmermann des Waldes" eine Art Axt, mit der vom Holz Span für Span abgesplittert werden kann. Hat der Specht den Fraßgang einer Larve freigelegt, schnellt die lange, dünne und biegsame Zunge aus dem Schnabel. Mit der verhornten, harpunenartigen Spitze werden größere Tiere aufgespießt. Kleinere Tiere bleiben am klebrigen Schleim dieser Schleuderzunge hängen. So kann der Specht auch versteckte Beutetiere erreichen, die mehrere Zentimeter tief im Holz leben.
Hat sich ein Spechtpärchen gefunden, so meißelt es in gemeinsamer Arbeit in einen meist kernfaulen Baumstamm eine Nisthöhle. Der Eingang führt leicht nach oben. So kann kein Regenwasser eindringen. Dahinter liegt die birnenförmige Höhle. Sie führt im Stamm nach unten. In der Höhle werden die Eier abgelegt und ausgebrütet. Die Jungen dieser Höhlenbrüter kommen nackt und blind zur Welt. Sie werden von den Eltern gefüttert und großgezogen. Es sind Nesthocker.

**Seite 26 unten** 1

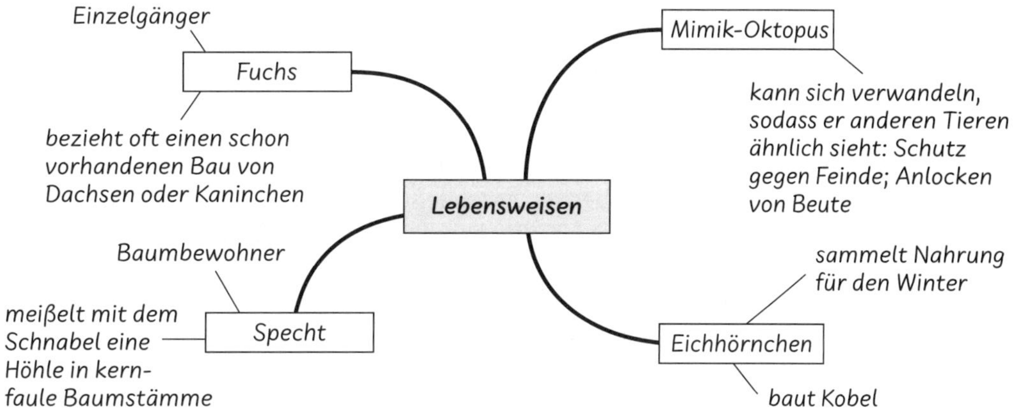


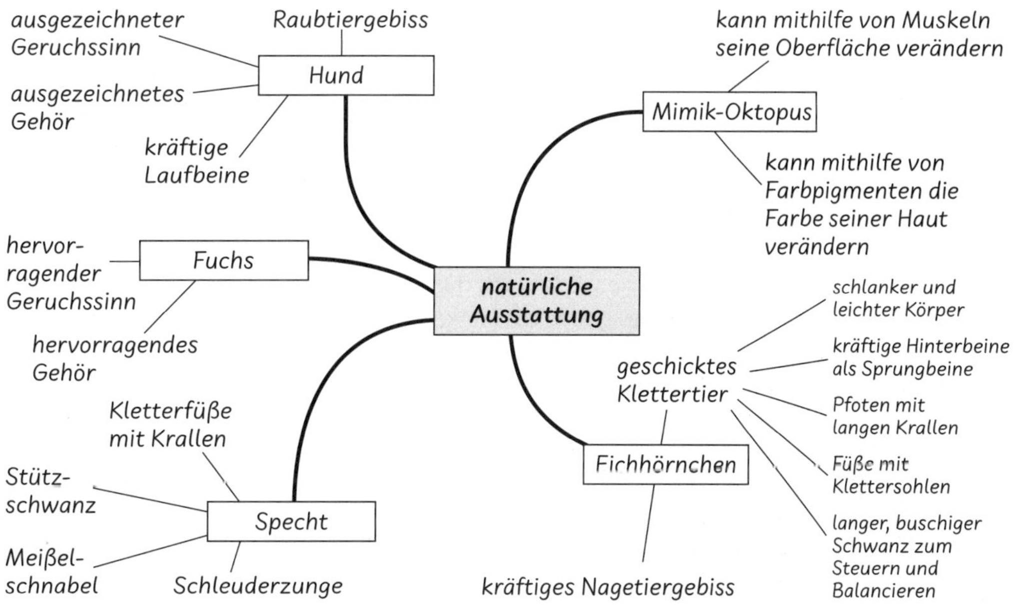

# Einen Vorgang beschreiben

## Ein Kochrezept verfassen

**Seite 27** 1 Die richtige Ziffernfolge lautet: 4, 6, 3, 2, 1, 5.

**Seite 28** 2 Der Satz 5 ist der einzige Satz, in dem keine zeitliche Reihenfolge angegeben wird.

**Seite 28** 3 Zutaten: 3 reife Orangen und Zitronen, etwas Wasser, 2 Esslöffel Puderzucker
Geräte: Obst- oder Zitruspresse, Gefäß für den Saft (Messbecher), Rührlöffel, Eiswürfelbehälter, Holzspieße, Schüssel für heißes Wasser

**Seite 28** 4

1. Rührschüssel
2. Handmixer
3. Messbecher
4. Schneidebrett
5. Kochlöffel
6. Suppenkelle
7. Nudelholz
8. Pfannenwender
9. Zitronenpresse
10. Kartoffelschäler
11. Küchenmesser
12. Schneebesen

**Seite 29** 5 Dies ist ein möglicher Beginn:
Lieber Justus,
gestern habe ich ein köstliches Eisrezept ausprobiert. Ich kann Dir sagen, etwas Herrlicheres gibt es nicht für heiße Sommertage. Am besten besorgst Du Dir zuerst die Zutaten; das sind 3 reife Orangen und Zitronen, 2 Esslöffel Puderzucker und etwas Wasser.
Als Geräte benötigst Du eine Obst- oder Zitruspresse, ein Gefäß für den Saft, am besten einen Messbecher, einen Rührlöffel, Eiswürfelbehälter, Holzspieße und eine Schüssel, in die später heißes Wasser gegeben wird. Einen Kühlschrank mit einem Eisfach habt ihr ja sicherlich.
Und so wird das Eis gemacht: Zuerst presst Du die Orangen und Zitronen aus und füllst den Saft in den Messbecher. Anschließend schüttest Du so viel Wasser hinzu, dass Saft und Wasser insgesamt 1/4 Liter Flüssigkeit ergeben ...

**Seite 29** 6 **Leckere Bratkartoffeln**
Zutaten für vier Personen:
1,5 Kilogramm Kartoffeln, 1 Zwiebel, 1 Ei, Gewürze wie Salz, Pfeffer, Thymian und Paprika, Bratfett oder Öl
Küchengeräte:
1 großer Topf, ein großes Sieb, Schälmesser, Pfanne

Zunächst einmal musst du die Kartoffeln schälen und anschließend in einem großen Topf ca. 20 Minuten in Salzwasser kochen.
Danach schüttest du die Kartoffeln in ein großes Sieb (Durchschlag) und wartest, bis sie etwas abgekühlt sind. Nun schneidest du die Kartoffeln und die Zwiebel in kleine Würfel. Anschließend stellst du die Pfanne auf den Herd und erhitzt das Bratfett oder Öl. Jetzt gibst du die Kartoffeln und die Zwiebel in die Pfanne und brätst alles schön braun. Natürlich darfst du das Würzen nicht vergessen. Am besten würzt du mit etwas Pfeffer, Thymian und Paprika. Das schmeckt ganz besonders lecker.
Zum Schluss musst du noch das Ei in die Pfanne schlagen und unter die Kartoffeln mischen. Wenn es gebacken ist, kannst du alles auf Tellern servieren.

**Seite 30** 7 Wenn bei einem Rezept keine Personenzahl angegeben ist, könnte es passieren, dass man zu viel oder zu wenig kocht.

**Seite 30** 8

Zwieback – zerbröseln
Zitrone – auspressen
Käse – reiben
Schinkenscheiben – in Würfel schneiden
Nüsse – mahlen
Fleischstücke – durch den Fleischwolf drehen
Bohnen – schnippeln
Schnittlauch – hacken

**Seite 30** 9 **Rührei mit Schinken**
Rezept für zwei Personen
Zutaten: Vier frische Eier, 100 ml Milch oder Sahne, etwas Salz und Pfeffer, zwei Teelöffel Butter zum Anbraten, zwei Scheiben gekochter oder roher Schinken
Küchengeräte: Schneebesen, Rührschüssel, Pfanne, Pfannenwender

Zuerst schlägst du die Eier in die Rührschüssel. Dabei musst du aufpassen, dass keine Eierschale in die Schüssel fällt.
Anschließend gibst du die Milch, das Salz und den Pfeffer hinzu. Den Schinken schneidest du in kleine Würfel und gibst sie ebenfalls hinzu. Das Ganze verrührst du so lange mit dem Schneebesen, bis eine einheitliche Masse entsteht.
Gib die Butter in eine Pfanne und lass sie bei mittlerer Hitze schmelzen. Die Pfanne sollte nicht zu heiß werden, damit das Rührei nicht trocken wird.
Anschließend gießt du die Rühreimasse in die Pfanne und wartest, bis sie etwas fest geworden ist. Schiebe dann die Masse mit dem Pfannenwender hin und her, bis das Rührei etwas fest, aber noch cremig ist.
Guten Appetit!

## Eine Bastelanleitung verfassen

**Seite 31** 1 Insekten sind ein wichtiges Glied in der Nahrungskette und wichtige Helfer gegen Schädlinge im Garten.

**Seite 31** 2 In einem Insektenhotel finden viele Insekten Unterschlupf, um zu überwintern.

**Seite 31** 3 Ein Hotel ist eigentlich eine Unterkunft, die für Menschen – zum Beispiel an einem Urlaubsort zum Übernachten – zur Verfügung gestellt wird. Hotels sind oft so eingerichtet, dass die Menschen sich wohlfühlen können. Hier wird Insekten ein Unterschlupf zur Verfügung gestellt, in dem sie sich wohlfühlen sollen.

**Seite 31** 4 Schreibplan:
- Nutzen und Zweck eines Insektenhotels
- benötigtes Material
- Bauanleitung
- Aufhängeort

**Seite 32** 5 Beispiel:
Hallo!
Schön, dass Du Dich dafür interessierst, wie man ein Insektenhotel baut. Sie sind wirklich sehr hilfreich, um Insekten einen Unterschlupf zu bieten, in dem sie überwintern können. Und Du weißt doch, dass Insekten sehr nützliche Tiere sind!
Gehe zuerst in den Wald und besorge Dir Tannenzapfen, Zweige, Moos, getrocknete Blätter, Rinde und getrocknetes Gras.
Bestimmt findest Du in eurem Keller ein kleines, altes Stück Holz.
Für den Bau besorge Dir Blumentöpfe aus Ton und dünnen Maschendraht. Zum Aufhängen brauchst Du ein Stück Draht oder Kabel.
Als Werkzeug benötigst Du eine Bohrmaschine und eine Schere.
Fülle zuerst die Blumentöpfe mit dem Material, das Du im Wald gefunden hast. Bohre in das Holzstück mehrere Löcher. Achte aber darauf, dass Du es nicht ganz durchbohrst. Zum Schluss schneidest Du etwas Maschendraht zurecht. Dabei soll die Größe so sein, dass am Rand der Draht etwas übersteht. Knicke den Rand um, sodass der Draht hält. Nun können die Materialien nicht herausfallen und die Vögel können nicht die Insekten fressen.
Hänge die Blumentöpfe mit einem Bindfaden an einen sonnigen Platz.
Schön ist es, wenn Du noch ein Willkommen-Schild malst.
Das ist es schon. Viel Erfolg beim Bauen!

# Berichten

## Über einen Unfall berichten

**Seite 33** 1

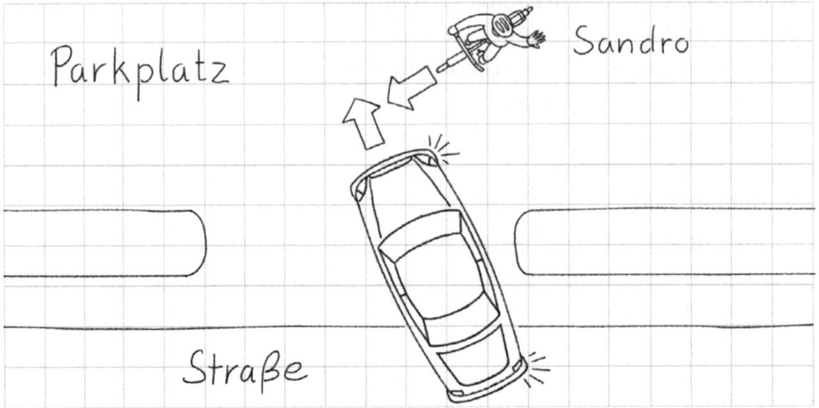


**Seite 34** 2

Was geschah? Zusammenstoß eines Pkw mit einem Fahrrad.
Wer war beteiligt? Ein Pkw-Fahrer, ein Fahrradfahrer.
Wo ereignete es sich? Auf dem Parkplatz des Schulgeländes.
Wann ereignete es sich? Nach dem Sportfest.
Wie geschah es? Ein Pkw bog in den Parkplatz ein. Ein Fahrradfahrer war abgelenkt und prallte auf den Pkw.
Welche Folgen ergaben sich? Schürfwunde am Arm des Fahrradfahrers, Totalschaden beim Fahrrad; leichte Blechschäden am Pkw.

**Seite 34** 3

Unfall mit Folgen
Heute ereignete sich auf dem Parkplatz unserer Schule ein tragischer Unfall. Nach dem Sportfest wollte ein Vater seinen Sohn mit einem Pkw abholen. Als der Pkw auf den Parkplatz bog, verabschiedete sich ein Schüler von seinen Freunden, während er in Richtung Hauptstraße fuhr. Da er abgelenkt war, kam es zu dem Unfall. Der Autofahrer blieb unverletzt, sein Pkw trug jedoch leichte Blechschäden davon, da das Fahrrad auf die Motorhaube prallte. Der Schüler zog sich eine Schürfwunde am rechten Arm zu. Das Fahrrad war ein Totalschaden. Die Verletzungen waren den Umständen entsprechend glimpflich, da der Junge einen Helm trug.

**Seite 34** 4

Unfall mit glimpflichen Folgen
Heute ereignete sich auf dem Parkplatz unserer Schule ein Unfall, der zum Glück keine schweren Folgen hatte. Nach dem Sportfest wollte ein Vater seinen Sohn mit einem Pkw abholen. Als er auf den Parkplatz bog, stieß er mit einem Fahrradfahrer zusammen. Der Schüler wollte Richtung Hauptstraße fahren, war aber abgelenkt, da er sich gerade von seinen Freunden verabschiedete. Er prallte mit seinem Fahrrad auf die Motorhaube des Pkw. Der Autofahrer blieb unverletzt, sein Pkw trug jedoch einen leichten Blechschaden davon. Der Schüler zog sich eine Schürfwunde am Arm zu. Die Verletzungen waren den Umständen entsprechend glimpflich, da der Junge einen Helm trug. Sein Fahrrad aber hatte einen Totalschaden.

## Über eine Veranstaltung berichten

**Seite 36** 1

Wer war beteiligt? Die Klasse 5a mit ihrer Lehrerin
Was geschah? Lesenacht in der Schule
Wo fand das Ereignis statt? In der Schule und in der Turnhalle
Wann fand das Ereignis statt? Freitagnacht
Wie geschah es? Wie war der Verlauf?

- Gemeinsames Essen mitgebrachter Speisen
- Vorstellen von Büchern
- Vorlesen von ausgewählten Stellen
- Pausen mit Spielen
- Büchertisch
- Übernachtung in der Turnhalle
- Gemeinsames Frühstück am nächsten Morgen

Mit welchen Folgen?

- Begeisterung bei den Schülern
- Wunsch nach Wiederholung der Veranstaltung
- Schüler wollen vorgestellte Bücher lesen

**Seite 37** 2

Einleitung: Wer war beteiligt? – Was geschah? – Wann fand das Ereignis statt?
Hauptteil: Wie geschah es? Wie war der Verlauf?
Schluss: Mit welchen Folgen?

**Seite 37** 3, 4

| | |
|---|---|
| | *Überschrift* |
| Vergangenen Freitag machte die Klasse 5a unserer | *besseres Verb* |
| Schule zusammen mit ihrer Lehrerin eine Lese- | |
| nacht. Alle trafen sich um 18 Uhr. Treffpunkt war die | *Absatz* |
| Schule. Die Veranstaltung begann mit einem | *Sätze verbinden* |
| gemeinsamen Essen. Jeder hatte etwas mitge- | *Sätze verbinden* |
| bracht. Eine türkische Vorspeise war besonders | |
| beliebt. Nach dem Essen wurde vorgelesen. Zehn | *bessere Formulierung suchen* |
| Schülerinnen und Schüler hatten sich freiwillig | |
| bereit erklärt, ein Buch zu lesen. Sie stellten den | *zuerst* |
| Inhalt des Buches vor. Dann lasen sie eine lustige | *Wortwiederholung vermeiden* |
| oder spannende Stelle aus dem Buch vor. Alle | *Welche Bücher wurden vorgestellt?* |
| Schülerinnen und Schüler hörten gespannt zu. | |
| Zwischendurch wurden Pausen gemacht. In den | |
| Pausen konnten die Schüler am Kicker spielen oder | |
| Gesellschaftsspiele machen. Es gab aber auch | *besseres Verb, besser: spielen* |
| einen Bücherstand. Die Bücher dafür hatten die | *Sätze verbinden* |
| Schüler selbst mitgebracht. In den Büchern konnte | |
| jeder stöbern. Um Mitternacht gingen alle in die | *Sätze verbinden* |
| Turnhalle. Dort übernachteten die Schüler. Die | *Absatz* |
| Lehrerin las noch eine spannende Gespensterge- | |
| schichte vor. Aber einige Schüler schliefen schon | |
| dabei ein. Am nächsten Morgen gab es ein gemein- | |
| sames Frühstück, das Eltern gemacht hatten und in | *Wortwiederholung vermeiden* |
| die Schule gebracht hatten. | |
| Alle waren von der Lesenacht begeistert. Viele | *Sätze miteinander verbinden* |
| wollen die Bücher lesen, die vorgestellt wurden. | |
| Alle wollen, dass die Lesenacht noch einmal | *Wortwiederholung vermeiden* |
| stattfindet. | |

Seite 37 **5** **Erfolgreiche Lesenacht der Klasse 5a**

Vergangenen Freitag veranstaltete die Klasse 5a gemeinsam mit ihrer Lehrerin eine Lesenacht.

Alle trafen sich um 18 Uhr in der Schule. Die Veranstaltung begann mit einem gemeinsamen Essen, zudem jeder etwas mitgebracht hatte. Eine türkische Vorspeise war besonders beliebt. Nach dem Essen begann das Vorlesen. Zehn Schülerinnen und Schüler hatten sich freiwillig bereit erklärt, ein Buch zu lesen und zuerst den Inhalt vorzustellen. Dann lasen sie eine lustige oder spannende Stelle vor. Alle Schülerinnen und Schüler hörten aufmerksam zu. Vorgestellt wurden ganz unterschiedliche Bücher, so zum Beispiel „Der Herr der Diebe" von Cornelia Funke oder „Die Insel der blauen Delfine", ein Abenteuerroman um ein junges Mädchen, das allein auf einer Insel um das Überleben kämpfen muss.

Zwischendurch wurden Pausen gemacht. Die Schülerinnen und Schüler konnten kickern oder Gesellschaftsspiele spielen. Es gab auch einen Stand mit Büchern, die die Schülerinnen und Schüler selbst mitgebracht hatten. In den Büchern durften sie stöbern.

Um Mitternacht gingen alle in die Turnhalle, um dort zu übernachten. Die Lehrerin las noch eine spannende Gespenstergeschichte vor. Aber einige Schüler schliefen schon dabei ein. Am nächsten Morgen gab es ein gemeinsames Frühstück, das Eltern gemacht und in die Schule gebracht hatten. Alle waren von der Lesenacht begeistert und viele wollen die Bücher, die vorgestellt wurden, lesen. Und alle wollen, dass die Aktion noch einmal stattfindet.

# Wortarten

## Nomen, Verb und Adjektiv – Die Grundwortarten erkennen

Seite 38 **1**

| Nomen | Verben | Adjektive |
|---|---|---|
| Zirkus | turnte | riesig |
| Elefant | klatschte | kleine |
| Pferd | schaukelte | hoch |
| Kuppel | rannte | schönen |
| Trapezkünstlerin | tanzt | |
| Sitzplatz | sprang | |
| Zuschauer | lief | |
| Direktor | schaute | |

Seite 38 **2** Freie Aufgabe

## Das Nomen

Seite 39 **1** Freie Aufgabe

**Seite 39** 2

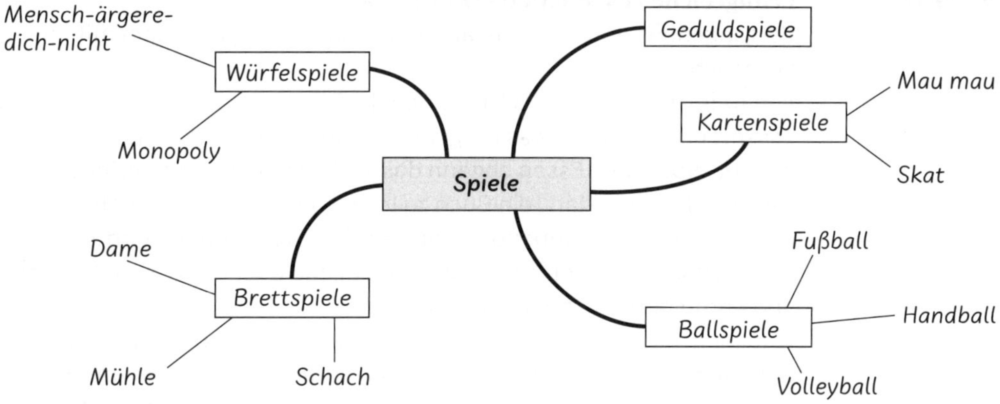


**Seite 39** 3

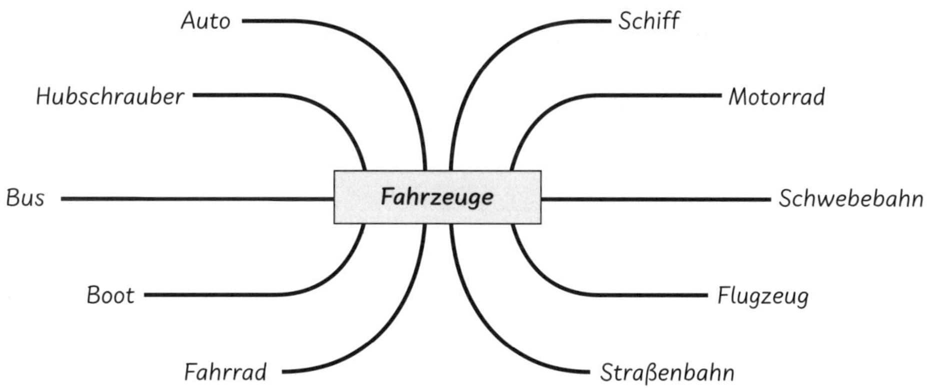


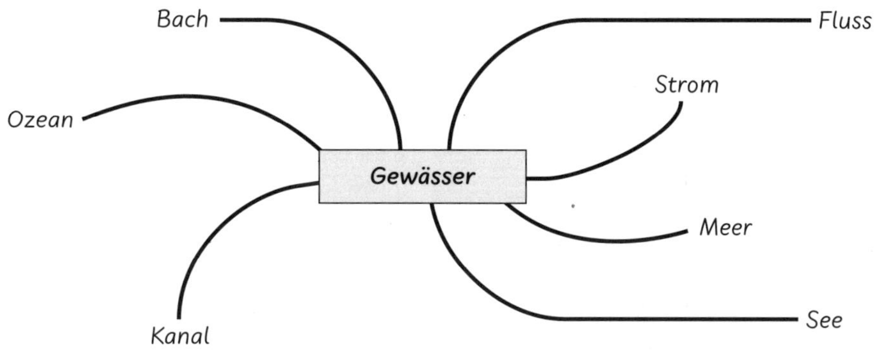


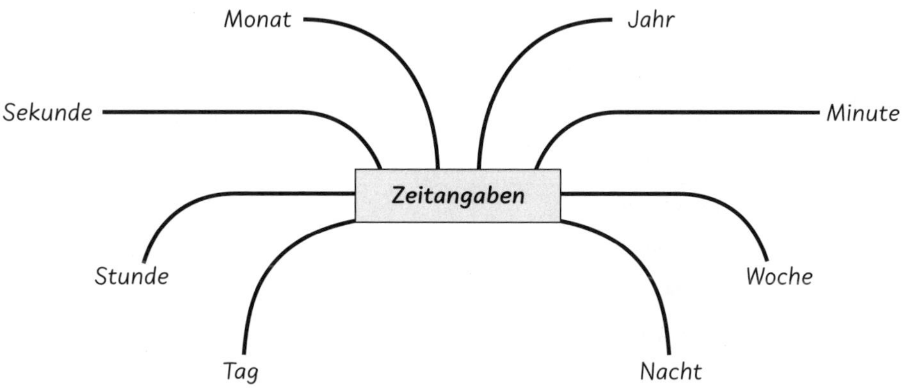

Seite 40 **4, 5** **JOGGER BEGEGNET LÖWEN**

IN EINER ZEITUNG WURDE GESTERN VON EINEM JOGGER BERICHTET, DEM IM WALD EIN AUSGEWACHSENER LÖWE BEGEGNET IST. DER MANN UND DAS RAUBTIER FLÜCHTETEN BLITZSCHNELL IN ENTGEGENGESETZTER RICHTUNG.

BIS AN DIE ZÄHNE BEWAFFNETE POLIZISTEN, EIN HUNDEFÜHRER DER POLIZEI, 25 FORSTBEAMTE, JÄGER UND FEUERWEHRLEUTE, UNTERSTÜTZT VON EINEM HUBSCHRAUBER, SUCHTEN BIS ZUM SPÄTEN ABEND VERGEBLICH NACH DEM TIER.

ES WURDE NICHT BEKANNT, OB DER LÖWE NUR IN DER VORSTELLUNG ODER IM TRAUM DES JOGGERS EXISTIERTE. VIELLEICHT HATTE ER DOCH NUR EINE KUH, EIN PFERD ODER EINEN HIRSCH GESEHEN.

der Jogger, der Löwe, die Zeitung, der Wald, der Mann, das Raubtier, die Richtung, die Zähne, die Polizisten, der Hundeführer, die Polizei, die Forstbeamten, die Jäger, die Feuerwehrleute, der Hubschrauber, der Abend, das Tier, die Vorstellung, der Traum, die Kuh, das Pferd, der Hirsch

**Seite 40** **6** Freie Aufgabe

**Seite 41** **7** Freie Aufgabe, Beispiele: Die Schülerin hat viele Bücher gelesen. Manche Menschen fahren ein großes Auto. In unserem Klassenraum steht ein großer Schrank. Unser Lehrer erzählt oft lustige Witze.

**Seite 41** **1** **Was heißt „Omnibus" auf Deutsch?**

Es bedeutet *für alle*. Omnibusse (Pl) sind öffentliche Verkehrsmittel (Pl), die keinem Fahrgast (Sg) mit einem gültigen Ticket (Sg) die Mitfahrt (Sg) verweigern dürfen. Aus „Omnibus" (Sg) und „Automobil" (Sg) entstand das Wort (Sg) „Autobus" (Sg). Die allerersten Busse (Pl) wurden von Pferden (Pl) gezogen. In Paris (Sg) gab es den ersten öffentlichen Linienverkehr (Sg) mit achtsitzigen Kutschen (Pl) im Jahr (Sg) 1662.

**Seite 42** **2** ~~Sand~~, Mädchen, ~~Zucker~~, Buch, Kind, Fass, Bleistift, Freund, ~~Salz~~, Frau, Sandkorn, ~~Liebe~~, ~~Regen~~, ~~Schnee~~, ~~Essig~~, Freundschaft, ~~Frieden~~, ~~Pfeffer~~

**Seite 42** **3**

| **Singular** | **Plural** |
|---|---|
| der Atlas | die Atlasse/die Atlanten |
| der Arzt | die Ärzte |
| der Rand | die Ränder |
| das Komma | die Kommas/die Kommata |
| der Punkt | die Punkte |
| das Vitamin | die Vitamine |
| der Saal | die Säle |
| der Lehrer | die Lehrer |
| der Kanal | die Kanäle |
| das Dreieck | die Dreiecke |
| der Motor | die Motoren |
| das Fahrzeug | die Fahrzeuge |
| das Album | die Alben |
| das Zentrum | die Zentren |
| das Märchen | die Märchen |
| der Garten | die Gärten |

**Seite 42** 1

| Maskulinum | Femininum | Neutrum |
|---|---|---|
| der Löwe<br>der Versuch<br>der Boden<br>der Platz<br>der Delfin<br>der Stempel | die Freundin<br>die Kirsche<br>die Geburt<br>die Bedeutung<br>die Haselnuss<br>die Blüte<br>die Fähigkeit<br>die Schale | das Tier<br>das Eichhörnchen<br>das Blatt<br>das Boot<br>das Loch<br>das Album |

**Seite 43** 2

In der Tabelle sind zu unterstreichen: die Freundin, das Eichhörnchen, das Loch, das Tier, der Löwe, das Boot, der Delfin, das Blatt, das Album.

**Seite 43** 3

a) **Der** Leiter der Jugendgruppe bestimmt die Zeit der Mittagsruhe. – Mona steigt auf **die** Leiter, um das Buch aus dem Regal zu holen.
b) Nächstes Jahr wird **die** Steuer für Fruchtgummis erhöht. – Der Autofahrer darf **das** Steuer während der Fahrt nicht loslassen.
c) **Die** Kiefer ist ein Nadelbaum. – Bei seinem Unfall hat sich Fynn **den** Kiefer gebrochen.
d) Am Morgen liegt noch **der** Tau auf dem Gras. – **Das** Tau zum Festmachen des Schiffes liegt an Steuerbord.
e) Wir fahren im Urlaub an **die** Nordsee. – Wir fahren im Urlaub an **den** Chiemsee.

Mir fällt auf: Es gibt gleichlautende Wörter, die aber ein unterschiedliches grammatisches Geschlecht und eine unterschiedliche Bedeutung haben.

**Seite 45** 1

| Nomen (mit Begleiter) | Vers | Kasus |
|---|---|---|
| Indianer | 1 | Nominativ/Wer oder was? |
| ihren Kindern | 1 | Dativ/Wem? |
| den Mund | 3 | Akkusativ/Wen oder was? |
| der Mund | 5 | Nominativ/Wer oder was? |
| Freude | 8 | Akkusativ/Wen oder was? |
| der Stille | 8 | Genitiv/Wessen? |
| einem Traum | 14 | Dativ/Wem? |
| die Worte | 15 | Akkusativ/Wen oder was? |
| des Wassers | 15 | Genitiv/Wessen? |
| die Gespräche | 16 | Akkusativ/Wen oder was? |
| der Fische | 16 | Genitiv/Wessen? |

**Seite 45** 2

Straßenbahnen, Busse, Hupen, Musik …

**Seite 45** 3

Die Kinder der Indianer sollen erkennen, dass die Stille etwas Besonderes ist, etwas, was man nur selten erlebt.

## Das Verb

**Seite 46** 1

Schrecksekunde
**Halte** über die leicht geöffnete Hand deines Freundes einen Geldschein und **bitte** ihn, den fallenden Schein durch Schließen der Hand zu **fangen**. Es **gelingt** ihm nicht.
Wenn das Auge den Geldschein fallen **sieht, sendet** es zunächst ein Signal an das Gehirn. Von dort wird der Befehl „Greifen“ an die Hand weitergeleitet. Dabei **verstreicht/vergeht**

natürlich etwas Zeit. **Unternimmst** du den Versuch selbst, **gelingt** er, da die Befehle zum Fallenlassen und Zugreifen gleichzeitig **erfolgen**. Die Zeit zwischen Erkennen und Reagieren **nennt** man „Schrecksekunde“. Für einen Autofahrer kann dieser Zeitverlust schwere Folgen **haben**.

**Seite 46** 2 Unter einer „Schrecksekunde“ versteht man die Zeit, die verstreicht, bis der Befehl des Gehirns zur Ausführung gelangt.

**Seite 47** 1

| | | |
|---|---|---|
| 1. Person Singular | ich schlaf**e** | ich spiel**e** |
| 2. Person Singular | du schläf**st** | du spiel**st** |
| 3. Person Singular | er, sie oder es schläf**t** | er, sie oder es spiel**t** |
| 1. Person Plural | wir schlaf**en** | wir spiel**en** |
| 2. Person Plural | ihr schlaf**t** | ihr spiel**t** |
| 3. Person Plural | sie schlaf**en** | sie spiel**en** |

**Seite 47** 2 schlafen, spielen

**Seite 47** 3

| | **Singular** | **Plural** |
|---|---|---|
| 1. Person | ich **bin** | wir **sind** |
| 2. Person | du bist | ihr seid |
| 3. Person | er, sie oder es **ist** | sie **sind** |

**Seite 48** 1

**Die Geschichte der Glühbirne**

In einer Feuerwache in Kalifornien leuchtet seit 1901 ununterbrochen dieselbe Glühbirne. Das behaupten zumindest die Leute dort.
Wenn es stimmt, ist diese handgeblasene Vier-Watt-Birne die älteste brennende Birne der Welt. Da eine Webcam auf die Glühbirne gerichtet ist, lässt sich jederzeit prüfen, ob sie noch brennt.
Als ihr Erfinder gilt der amerikanische Wissenschaftler Thomas Edison. Er erhielt dafür am 27. Januar 1880 das Patent in den USA. Um das Patent wurde viel gestritten, denn einige andere hatten gleichzeitig auch ähnliche Glühlampen entwickelt. Edisons Glühlampe war jedenfalls die erste, die in Serie hergestellt wurde.
Der Tüftler baute in New York ein Elektrizitätswerk, das Haushalte und Fabriken mit Strom versorgte. Doch anfangs fand er nur wenige Kunden für seine Erfindung. Ab der Jahrhundertwende fanden dann allerdings immer mehr Menschen Gefallen am elektrischen Licht.
Seit dem 1. September 2012 werden in der Europäischen Union keine Haushaltsglühbirnen mehr verkauft, weil sie zu viel Energie verbrauchen. In einigen Ausnahmen kommen die Birnen mit Glühfaden aber noch zum Einsatz, zum Beispiel in Autoscheinwerfern oder im Bergbau.
In Zukunft wird in privaten Haushalten die gute alte Glühbirne zunehmend durch LED-Lampen ersetzt werden. Die kleinen Leuchtdioden haben viele Vorteile, sie halten länger und spenden mehr Licht.

~~~~~~~~ = Bezug zur Gegenwart
________ = Bezug zur Vergangenheit
-------- = Bezug zur Zukunft

**Seite 49** 2 In dem ersten Satz drückt das Präsens aus, das etwas zu jeder Zeit gültig ist. Im zweiten Satz drückt das Präteritum aus, dass es sich um ein vergangenes Geschehen handelt.
~~~~~~~~

Seite 49 **3**

| Das Präsens als Ausdruck dafür, dass etwas | |
|---|---|
| **in der Gegenwart geschieht:** | **zu jeder Zeit gültig ist:** |
| In einer Feuerwache in Kalifornien leuchtet seit 1901 ununterbrochen dieselbe Glühbirne. | Als ihr Erfinder gilt der amerikanische Wissenschaftler Thomas Alva Edison. |
| Das behaupten zumindest die Leute dort. | Die kleinen Leuchtdioden haben viele Vorteile, sie halten länger und spenden mehr Licht. |
| Wenn es stimmt, ist diese handgeblasene Vier-Watt-Birne die älteste brennende Birne der Welt. | |
| Da eine Webcam auf die Glühbirne gerichtet ist, lässt sich jederzeit prüfen, ob sie noch brennt. | |
| Seit dem 1. September 2012 werden in der Europäischen Union keine Haushaltsglühbirnen mehr verkauft, weil sie zu viel Energie verbrauchen. | |
| In einigen Ausnahmen kommen die Birnen mit Glühfaden aber noch zum Einsatz, zum Beispiel in Autoscheinwerfern oder im Bergbau. | |

Seite 49 **1**

| Verb | tragen | fließen | sagen | graben | legen | schießen | hoffen |
|---|---|---|---|---|---|---|---|
| Vergangenheitsform | trug | floss | sagte | grub | legte | schoss | hoffte |
| stark | X | X | | X | | X | |
| schwach | | | X | | X | | X |

Seite 50 **2**

**Mein erster Ferientag**

Zuerst **blieb** ich lange im Bett liegen und **schlief** mich richtig aus. Gegen 10 Uhr **stand** ich auf, frühstückte, **wusch** mich und putzte mir die Zähne. Ich **zog** mich an und **rief** dann meinen Freund Max an. Wir verabredeten uns zum Fußballspielen. Beim Spielen knickte ich mit einem Fuß um und dehnte mir die Bänder am Knöchel. Ich humpelte nach Hause und meine Mutter **fuhr** mich zum Arzt. Der **verband** meinen Knöchel und **gab** mir Krücken zum Laufen. „Schöner Ferienbeginn!“, **dachte** ich.

Seite 50 **1**

| Infinitiv | Imperativ Singular | Imperativ Plural |
|---|---|---|
| laufen | Lauf(e)! | Lauft! |
| springen | Spring(e)! | Springt! |
| wachen | Wach(e)! | Wacht! |
| kommen | Komm(e)! | Kommt! |
| aufpassen | Pass auf! | Passt auf! |
| bremsen | Brems(e)! | Bremst! |

Seite 51 **2**

| Infinitiv | Imperativ Singular | Imperativ Plural |
|---|---|---|
| sprechen | Sprich! | Sprecht! |
| nehmen | Nimm! | Nehmt! |
| geben | Gib! | Gebt! |
| befehlen | Befiehl! | Befehlt! |
| sehen | Sieh! | Seht! |
| lesen | Lies! | Lest! |

| Infinitiv | Imperativ Singular | Imperativ Plural |
|---|---|---|
| helfen | Hilf! | Helft! |
| messen | Miss! | Messt! |
| treffen | Triff! | Trefft! |

## Das Adjektiv

**Seite 51** 1

- Die roten Blutkörperchen können viel Sauerstoff aufnehmen.
- Die Yaks haben ein großes Herz.
- Bei großer Kälte atmen sie weniger.
- Ihr zottiges Fell schützt sie gegen die Kälte.

**Seite 52** 2

Tief durchatmen!
In der dünnen, sauerstoffarmen Luft auf den Gipfeln des Himalaya ringen Bergsteiger bibbernd um Atem. Yaks hingegen bringt die Höhe nicht zum Japsen. Selbst auf 6 000 Metern fühlen sich die Rinder noch ziemlich wohl. Denn ihre roten Blutkörperchen können eine Extraportion Sauerstoff aufnehmen. Obendrein haben Yaks besonders große Lungen, können pro Atemzug also besonders viel Luft aufnehmen. Das extragroße Herz verteilt den darin enthaltenen Sauerstoff anschließend im ganzen Körper. Gegen Temperaturen bis minus 40 Grad Celsius schützt die Yaks übrigens ihr zottiges Fell und ein Trick: Wird ihnen kalt, atmen sie einfach seltener – manchmal nur siebenmal pro Minute. So strömt die eisige Luft nicht ständig durch ihren Körper. Warmes Wetter hingegen vertragen die Rindviecher schlecht: Weil sie kaum schwitzen können, nehmen sich Yaks schon ab 20 Grad Celsius hitzefrei und dösen reglos im Schatten.

**Seite 52** 3

Um eine Beschreibung möglichst genau zu gestalten, braucht man treffende Adjektive.

**Seite 52** 4

**Welpen**
Die trächtige Hündin ist schon **unruhig**. Sie verweigert die Nahrung, schnüffelt in allen Ecken herum und versucht, ein „Nest“ zusammenzukratzen. Bald werden die **jungen** Hunde zur Welt kommen. In den **frühen** Morgenstunden wird der erste Welpe „geworfen“. Er zappelt noch in der Fruchtblase. Die Hündin reißt die Fruchtblase auf und zerbeißt dann die Nabelschnur. Mit **nassen**, **verklebten** Haaren liegt das Junge nun frei und wird von der Hündin **trocken** geleckt.
Junge Welpen sind recht **hilflos**: Ihre Augen sind geschlossen; der viel zu **große** Kopf sinkt immer wieder zu Boden; sie können weder stehen noch gehen, sondern nur **unbeholfen** kriechen. Ihre Entwicklung ist also noch nicht abgeschlossen. Man bezeichnet sie deshalb als Nesthocker.

**Seite 53** 5

Klein und fein
Die Bienenelfe, eine Kolibriart, ist der kleinste Vogel der Welt. Vom Schnabel bis zur Schwanzspitze bringt sie es auf etwa fünf Zentimeter Länge und ein Gewicht von rund 1,8 Gramm. Die Bienenelfe ist damit etwa so groß wie ein Daumen und leichter als eine Straußenfeder. Bienenelfen legen auch die kleinsten Vogeleier der Welt: Sie sind so klein wie eine Erbse.

__________ = Positiv (Grundstufe)
\- - - - - - - - - = Komparativ (Vergleichsstufe)
~~~~~~~~ = Superlativ (Höchststufe)

**Seite 54** 6

Der Text wird dadurch für die Leserin bzw. den Leser anschaulicher.

**Seite 54** 7

klein, ~~tot~~, ~~rechteckig~~, rund, schön, sonderbar, freundlich, haltbar, bunt, ~~leer~~, ~~uralt~~
~~~~~~~~

# Das Pronomen

**Seite 54** **1**

- **Sie** besucht **ihn**.
- **Es** ist ins Schleudern geraten.
- **Sie** versperren **ihnen** den Blick.
- **Er** ist von **ihm** gebissen worden.

**Seite 55** **2**

Freie Aufgabe, Vorschläge:

- Mein Vater und meine Schwester beobachteten die Seehunde, die mit Heringen gefüttert wurden.
- Die Magd füttert die Gans. Das Tier schnattert laut vor Vergnügen.
- Mein Vater verfolgte die Fütterung des Adlers, der gerne Mäuse und Küken frisst.

**Seite 55** **3**

Der Baron von Münchhausen lügt nicht, um seine Zuhörer zu beschwindeln, sondern um sie zu unterhalten. Sie wissen genau, dass er ihnen Lügen auftischt, haben aber ihre Freude daran.

**Seite 55** **4**

Erich Kästner

**Münchhausen – Aus dem Vorwort**

Und was an den Geschichten ist denn nun so erstaunlich? Sie stecken voll der tollsten Lügen!

Mitten in Berichten über Reisen, die er wirklich gemacht, und Kriege, an denen er wirklich teilgenommen hat, tischt Münchhausen uns Lügen auf, dass sich die Balken biegen! Durch Lügen kann man also berühmt werden? Freilich! Aber nur, wenn man so lustig, so fantastisch, so treuherzig und so verschmitzt zu lügen versteht wie Münchhausen, nicht etwa, um die Leser zu beschwindeln, sondern um sie, wie ein zwinkernder Märchenerzähler, mit ihrem vollen Einverständnis lächelnd zu unterhalten.

Dass ihr mir also nicht nach Hause kommt und sagt: „Denk dir, Mama, ich hab' eben mit einem Auto gesprochen, und das Auto meinte, es gäbe morgen Regen!" Durch solche Lügen wird man nicht berühmt. So zu lügen wie Münchhausen ist eine Kunst.

**Seite 56** **5**

Er spricht damit seine Zuhörerschaft an.

**Seite 56** **6**

Beispiel: Ein Kirschbaum als Geweih

**Seite 56** **7**

Gelogen ist offensichtlich, dass Münchhausen mit Kirschkernen auf einen Hirsch schießt und dem später ein Kirschbaum als Geweih wächst, auf dem sogar Kirschen wachsen, die man verspeisen kann.

**Seite 56** **8**

Ein anderes Mal, aber im gleichen Jagdrevier, stieß ich ganz unerwartet auf einen kapitalen Hirsch, und ausgerechnet an jenem Morgen hatte ich gerade die letzte Flintenkugel verschossen! Das stattliche Tier schien das zu ahnen und blickte mir, statt auszureißen, beinahe ein bisschen unverschämt ins Gesicht. Weil mich das ärgerte, lud ich meine Büchse mit Pulver, streute eine Handvoll Kirschkerne drauf, die ich in meiner Rocktasche gehabt hatte, zielte zwischen das Geweih des Hirsches und schoss. Er taumelte, als sei er betäubt, trabte dann aber davon.

Ein oder zwei Jahre danach jagte ich wieder einmal im gleichen Revier, und plötzlich tauchte vor mir ein prächtiger Hirsch auf mit einem veritablen Kirschbaum zwischen dem Geweih! Warte!, dachte ich, diesmal entkommst du mir nicht! Ich streckte ihn mit einem Blattschuss nieder. Und da sein Kirschbaum voller Kirschen hing, gab es am nächsten Sonntag Hirschrücken mit Kirschtunke. Ich kann euch sagen, es war ein delikates Essen!

__________ = Personalpronomen

~~~~~~~~~~ = Possessivpronomen

**Seite 57** **9**

euch, Zeile 12
~~~~~~~~~~

## Die Präposition

**Seite 57** 1 Paul merkt, dass es Vielolog gelungen ist, mehrere Schülerinnen und Schüler dazu zu überreden, ihm Wörter zu überlassen.

**Seite 58** 2 Vielolog merkt an der Aussage Pauls, dass dieser keine bestimmten Artikel und keine Präpositionen mehr benutzt.

**Seite 58** 3 Der Regen stürzte auf die Straßenbahn wie haushohe Wellen auf ein Schiff.

**Seite 58** 4 Freie Aufgabe

**Seite 58** 5 Lauter bekannte Märchengestalten?
**In** einem riesigen Wald lebten einmal **in** einer alten Holzhütte sieben Zwerge. Diese machten sich eines Tages auf, um ihre Freundinnen Aschenputtel und Dornröschen **hinter** den Sieben Bergen zu besuchen. Unterwegs trafen sie **an** einem Brunnen einen Frosch. Dieser erzählte, er sei einmal **vor** langer Zeit ein Prinz gewesen und **von** einer bösen Fee **in** einen Frosch verwandelt worden. Er warte hier **auf** die Königstocher, die ihn **aus** seiner Lage erlösen solle. Der Frosch ließ sich überreden, **mit** ihnen zu kommen.
Unterwegs traf die seltsame Gruppe ein Schneiderlein, das gerade **in** einem spannenden Kampf zwei Riesen besiegt hatte und einen Gürtel trug **mit** der Aufschrift: „Ach wie gut, dass niemand weiß, dass ich Rumpelstilzchen heiß." Das Schneiderlein trug außerdem **wegen** der großen Entfernung, die es zurücklegen wollte, Siebenmeilenstiefel …

## Das Adverb

**Seite 59** 1 Liebe Marie,
viele Grüße aus den Bergen. Hier ist es wunderschön. Wenn ich morgens aus dem Fenster meines Zimmers sehe, glaube ich immer zu träumen, so schön ist der Blick auf den Bergsee. Vielleicht fahren wir heute dorthin, um in dem See zu baden. Wir sind deshalb früh aufgestanden. Hoffentlich ist das Wasser nicht zu kalt. Bald werden die Ferien vorbei sein. Dann freue ich mich aber, Dir meine Urlaubserlebnisse zu erzählen.
Deine Inga

Adverbien der Zeit: morgens, immer, heute, bald, dann
Adverbien des Ortes: hier, dorthin
Adverbien des Grundes: deshalb
Adverbien der Art und Weise: vielleicht, hoffentlich

# Satzarten und Sprechabsicht

**Seite 60** 1
a) Spiel den Ball doch endlich ab! (Aufforderungssatz)
b) Wann endet die erste Halbzeit? (Ergänzungsfrage)
c) Bernd läuft heute wie eine lahme Ente. (Aussagesatz)
d) Joggst du nach dem Spiel noch eine Runde mit mir durch den Wald? (Entscheidungsfrage)
e) Dribbel doch nicht so viel! (Aufforderungssatz)
f) Der Schiri hat schon wieder nichts mitbekommen. (Aussagesatz)
g) Bring mir bitte eine Bratwurst mit! (Aufforderungssatz)
h) Gleich beginnt die zweite Halbzeit. (Aussagesatz)
i) Hast du den Traumpass gesehen? (Entscheidungsfrage)
j) Pfeif doch endlich ab, Schiri! (Aufforderungssatz)

**Seite 61** 2

a) Dein Bett wartet auf dich.
Satzart: Aussagesatz
Direkte Aufforderung: Geh jetzt ins Bett!

b) Du kommst sofort nach Hause!
Satzart: Aussagesatz
Direkte Aufforderung: Komm sofort nach Hause!

c) Musst du immer so kleckern?
Satzart: Fragesatz/Entscheidungsfrage
Direkte Aufforderung: Kleckere nicht so!

d) Du kannst beim Bocksprung ruhig etwas mehr Anlauf nehmen.
Satzart: Aussagesatz
Direkte Aufforderung: Nimm beim Bocksprung etwas mehr Anlauf!

e) Wie lange soll ich denn noch auf dich warten?
Satzart: Fragesatz/Ergänzungsfrage
Direkte Aufforderung: Beeil dich!

# Satzproben und Satzglieder

## Die Umstellprobe

**Seite 62** 1, 2, 4

- (Luisa und Berat) (fuhren) (an einem Sonntagnachmittag) (in den nahe gelegenen Tierpark). Wer fuhr in den Tierpark?
- (An einem Sonntagnachmittag) (fuhren) (Luisa und Berat) (in den nahe gelegenen Tierpark). Wann fuhren Luisa und Berat in den Tierpark?
- (In den nahe gelegenen Tierpark) (fuhren) (Luisa und Berat) (an einem Sonntagnachmittag). Wohin fuhren Luisa und Berat?

- (Sie) (fütterten) (dort) (die Ziegen und die kleinen Schafe). Wer fütterte dort die Ziegen?
- (Dort) (fütterten) (sie) (die Ziegen und die kleinen Schafe). Wo fütterten sie die Ziegen?
- (Die Ziegen und die kleinen Schafe) (fütterten) (sie) (dort). Wen fütterten sie?

- (Luisa) (biss) (plötzlich) (ein Ziegenbock) (in den kleinen Finger). Wen biss ein Ziegenbock in den Finger?
- (Plötzlich) (biss) (Luisa) (ein Ziegenbock) (in den kleinen Finger). Wann biss der Ziegenbock Luisa?
- (Ein Ziegenbock) (biss) (Luisa) (plötzlich) (in den kleinen Finger). Wer biss Luisa in den kleinen Finger?
- (In den kleinen Finger) (biss) (plötzlich) (ein Ziegenbock) (Luisa). Wohin biss der Ziegenbock Luisa?

- (Sie) (ließ) (vor Schreck) (das Futter) (fallen). Wer ließ das Futter fallen?
- (Vor Schreck) (ließ) (sie) (das Futter) (fallen). Warum ließ sie das Futter fallen?
- (Das Futter) (ließ) (sie) (vor Schreck) (fallen). Was ließ sie fallen?

- (Der Ziegenbock) (hatte) (zum Glück) (nicht fest zugebissen). Wer hatte nicht fest zugebissen?

- (Die beiden) (konnten) (ihren Zoobesuch) (ungehindert) (fortsetzen). Wer konnte den Zoobesuch fortsetzen?
- (Ihren Zoobesuch) (konnten) (die beiden) (ungehindert) (fortsetzen). Wen konnten die beiden fortsetzen?
- (Ungehindert) (konnten) (die beiden) (ihren Zoobesuch) (fortsetzen). Wie konnten sie ihren Zoobesuch fortsetzen?

**Seite 62** **3**

Beispiel: Luisa und Berat fuhren an einem schönen Sonntagnachmittag in den nahe gelegenen Tierpark.
Dort fütterten sie die Ziegen und die kleinen Schafe.
Plötzlich biss ein Ziegenbock Luisa in den kleinen Finger.
Vor Schreck ließ sie das Futter fallen.
Zum Glück hatte der Ziegenbock nicht fest zugebissen.
Ungehindert konnten die beiden ihren Zoobesuch fortsetzen.

## Die Ersatzprobe

**Seite 63** **1, 2**

- Nom. Nom. Verb ub. A. Nom. Nom. Präp. b. A. Nom. Nom.
  (Luisa und Berat) (kaufen) (eine Tüte Futter) (für die Ziegen und Schafe).

  b. A. Nom. Verb Präp. b. A. Nom.
  (Die Kinder) (kaufen) (etwas) (für die Tiere).

- ub. A. Nom. Verb b. A. Nom. Nom.
  (Ein Affe) (stiehlt) (dem Wärter) (zwei Bananen).

  ub. A. Nom. Verb Pers. Pro. b. A. Nom.
  (Ein Schimpanse) (stiehlt) (ihm) (das Obst).

(Nom. = Nomen; ub. A. = unbestimmter Artikel; Präp. = Präposition; b. A. = bestimmter Artikel; Pers. Pro. = Personalpronomen)

## Das Subjekt

**Seite 63, 64** **1, 2**

- (Lea und Murat) (bauen) (einen Drachen).
  Wer oder was baut einen Drachen?
  Lea und Murat.
- (Anschließend) (trägt) (der Wind) (den Drachen) (bis zu den Wolken).
  Wer oder was trägt den Drachen anschließend bis zu den Wolken?
  Der Wind.
- (Plötzlich) (reißt) (die Schnur).
  Wer oder was reißt plötzlich?
  Die Schnur.
- (Auf einem Kartoffelacker) (findet) (Lea) (schließlich) (den Windvogel).
  Wer oder was findet schließlich den Windvogel auf einem Kartoffelacker?
  Lea.
- (Das Gestänge) (ist) (leider) (zerbrochen).
  Wer oder was ist leider zerbrochen?
  Das Gestänge.
- (Traurig) (fahren) (die Kinder) (nach Hause).
  Wer oder was fährt traurig nach Hause?
  Die Kinder.

**Seite 64** 3 Beispiele:

- (Eine Katze) sitzt hoch oben im Wipfel eines Baumes.
  (Eine schwarze Perserkatze) sitzt hoch oben im Wipfel eines Baumes.
- (Sie) miaut so laut, dass (Passanten) aufmerksam werden.
  (Das verängstigte Tier) miaut so laut, dass (vorbeigehende Passanten) aufmerksam werden.
- Sofort wird (die Feuerwehr) gerufen.
  Sofort wird (die Feuerwehr des Stadtteils) gerufen.
- (Diese) fährt die lange Drehleiter aus.
  (Die hilfsbereiten Feuerwehrmänner) fahren die lange Drehleiter aus.
- (Eine Feuerwehrfrau) klettert hoch und rettet das verschreckte Tier.
  (Eine mutige Feuerwehrfrau) klettert hoch und rettet das verschreckte Tier.
- (Die Katze) gehört einem kleinen Jungen.
  (Die niedliche Katze) gehört einem kleinen Jungen.
- Glücklich nimmt (er) sie in Empfang und trägt sie nach Hause.
  Glücklich nimmt (der Kleine) sie in Empfang und trägt sie nach Hause.

## Das Prädikat

**Seite 65** 1, 2

- Nina besucht am Nachmittag ihre Großmutter.
- Auf dem Weg dorthin wird sie von einem Hund gebissen.
- Der Hundebesitzer bringt sie schnell zum Arzt.
- Dort bekommt sie zunächst eine Spritze und anschließend einen Verband.
- Als Strafe erhält der Hund von seinem Besitzer eine Woche Wurstverbot.
- Das lässt Nina jedoch nicht zu.
- Die beiden, Nina und der Hund, freunden sich sogar an.

**Seite 65** 3

- Besucht Nina am Nachmittag ihre Großmutter?
- Wird sie auf dem Weg dorthin von einem Hund gebissen?
- Bringt sie der Hundebesitzer schnell zum Arzt?
- Bekommt sie dort zunächst eine Spritze und anschließend einen Verband?
- Erhält der Hund als Strafe von seinem Besitzer eine Woche Wurstverbot?

**Seite 65** 4

- Ein Polizist wurde von einem Dackel gebissen. (auch: ... ist gebissen worden)
- Zwei Autos prallten zusammen. (auch: ... sind zusammengeprallt)
- Ein Fußgänger brach in einen Eisteich ein. (auch: ... ist eingebrochen)
- Ein Dieb wurde mit einem Regenschirm in die Flucht geschlagen. (auch: ... ist geschlagen worden)
- Der VfB Stuttgart siegte in der ersten Runde des DFB-Pokals.

**Seite 66** 5 Oft ist nicht genügend Platz für einen vollständigen Satz vorhanden. Weiterhin ist der Kern der Nachricht sehr schnell zu erfassen.

**Seite 66** 6

Paul Maar

**Land auf dem Sonntag**

Im Scheinensonn
taubt eine Gurr.
Im Schattenhaus
katzt eine Schnurr.

Es hummelt ein Brumm
wie ein Wagenlast.
Sanft schweint ein Grunz
von der Wirtschaftsgast.

Im Weiherdorf
froscht tief der Tauch.
Oben am Dachhaus
schlotet der Rauch.

Ein Pinkel, der hundet
auf Blumenmohn.
Der Schimpf vatert laut
im Zimmerwohn.

Ein Fahrersonntag
wagent den Wende.
Das dauert sehr lange,
drum gedichtet das Ende.

**Sonntag auf dem Land**

Im Sonnenschein
gurrt eine Taube.
Im Hausschatten
schnurrt eine Katze.

Es brummt eine Hummel
wie ein Lastwagen.
Sanft grunzt ein Schwein
von der Gastwirtschaft.

Im Dorfweiher
taucht tief der Frosch.
Oben am Hausdach
raucht der Schlot.

Ein Hund, der pinkelt
auf Mohnblumen.
Der Vater schimpft laut
im Wohnzimmer.

Ein Sonntagsfahrer
wendet den Wagen.
Das dauert sehr lange,
drum ist das Gedicht zu Ende.

## Die Objekte

**Seite 67** 1 **Großer Schnauftest**

Jeder Mensch hat zwei Nasenlöcher (AO). Bei Schnupfen ist das eine schon mal völlig zu, später vielleicht das andere. Aber ansonsten atmen wir die Luft (AO) gleichmäßig durch die beiden Nasenlöcher ein. Stimmt das wirklich? Dazu kannst du ganz leicht einen Versuch (AO) machen. Halte zuerst das eine Nasenloch (AO) zu und atme mit dem anderen, dann machst du das Ganze (AO) umgekehrt. Atmet ihr mit beiden Nasenlöchern gleich leicht oder gibt es Unterschiede (AO)? Wiederholt den Versuch (AO) nach zwei, vier, sechs und acht Stunden. Dabei wird euch (DO) vermutlich Folgendes auffallen: Immer strömt die Luft durch eines der beiden Nasenlöcher leichter. Das andere Nasenloch setzt durch innere Schwellung dem Luftholen (DO) mehr Widerstand (AO) entgegen. Diese Schwellung wechselt aber alle paar Stunden: Dann kann man wieder das andere Nasenloch (AO) besser benutzen.

Beispiele:

**Seite 67** 2

- Pauline schenkt (*ihrem Hund*) (DO) (*ein neues Halsband*) (AO).

- Klara schenkt (*ihrer Freundin*) (*ein Buch*).
  DO AO
- Jana vermisst seit gestern (*ihren Hausschlüssel*).
  AO
- Michael kennt (*viele Pflanzennamen*).
  AO
- Maximilian isst gern (*Müsli*).
  AO
- Katharina malt gerade (*ihrem Großvater*) (*ein Bild*).
  DO AO
- Aslan schreibt (*seinem Freund*) (*eine SMS*).
  DO AO
- Jana trägt beim Fahrradfahren immer (*einen Helm*).
  AO
- Dackel Alfred bringt (*seinem Herrchen*) (*die Pantoffeln*).
  DO AO

**Seite 68** 3, 4, 5

a) (Lisa) (besucht) (ihren kranken Freund Phillip).
S P AO

Wen oder was besucht Lisa? Ihren kranken Freund Phillip.

b) (Sie) (kauft) (ihm) (auf der Hinfahrt) (ein spannendes Buch).
S P DO AO

Wem kauft sie auf der Hinfahrt ein spannendes Buch? Ihm.
Wen oder was kauft sie ihm auf der Hinfahrt? Ein spannendes Buch.

c) (Phillips Mutter) (begrüßt) (Lisa) (an der Haustür).
S P AO

Wen oder was begrüßt Phillips Mutter an der Haustür? Lisa.

d) (Phillip) (öffnet) (sofort) (die Verpackung des Buches).
S P AO

Wen oder was öffnet Phillip sofort? Die Verpackung des Buches.

e) (Es) (gefällt) (ihm).
S P DO

Wem gefällt es? Ihm.

**Seite 68** 6

- ☐ Wir atmen ständig gleichmäßig durch beide Nasenlöcher.
- ☐ Dem Luftholen wird dadurch Widerstand entgegengesetzt, dass die Luft leichter hindurchströmt.
- ☒ Eine innere Schwellung verhindert, dass die Luft ungehindert durch das Nasenloch strömen kann.
- ☐ Wenn man Schnupfen hat, sind ständig beide Nasenlöcher verstopft.
- ☒ Die innere Schwellung wechselt nach ein paar Stunden von einem Nasenloch zu dem anderen.

## Adverbiale Bestimmungen

**Seite 69** 1

- Niko hat heute ein Fußballspiel.
- Er muss vorher sorgfältig seine Hausaufgaben erledigen.
- Der Lehrer hat wegen des schönen Wetters für den nächsten Tag keine umfangreichen Hausaufgaben gestellt.
- Niko sucht im Waschkeller ungeduldig seine Fußballschuhe.
- Er findet sie dort nicht und sucht lange im ganzen Haus weiter.
- Er entdeckt sie schließlich in der Garage.

- Der Bus fährt pünktlich um 15 Uhr ab.
- Niko läuft blitzschnell zur Bushaltestelle.
- Niko hat ihn völlig außer Atem gerade noch rechtzeitig erreicht.
- Er lässt sich erleichtert in den Sitz fallen.

**Seite 71** 2

| adverbiale Bestimmung der Zeit/ Temporaladverbiale | adverbiale Bestimmung des Ortes/ Lokaladverbiale | adverbiale Bestimmung des Grundes/ Kausaladverbiale | adverbiale Bestimmung der Art und Weise/Modaladverbiale |
|---|---|---|---|
| gestern<br>gegen 20 Uhr<br>nach kurzer Zeit | auf der B15<br>bei Kumhausen<br>in einer unübersichtlichen Kurve<br>aus der Klinik | wegen überhöhter Geschwindigkeit<br>aufgrund der Wucht des Aufpralls | schwer<br>leicht |

# Rechtschreibung

## Richtig zu schreiben kann man lernen

**Seite 72** 1

| lang ausgesprochener Vokal | kurz ausgesprochener Vokal |
|---|---|
| er kam | der Kamm |
| der Ofen | offen |
| die Qual | die Qualle |
| lahm | das Lamm |
| die Speere | die Sperre |
| der Sohn | die Sonne |
| beten | die Betten |
| die Dame | der Damm |

**Seite 73** 1

der Wald – die Wälder
der Schrank – die Schränke
das Land – die Länder
das Bad – die Bäder
das Sieb – die Siebe
der Berg – die Berge
der Spuk – spuken
der Gang – die Gänge
der Ort – die Orte
der Tag – die Tage
das Rad – die Räder
der Zwerg – die Zwerge
die Bank – die Bänke
die Jagd – jagen

**Seite 73** 2

| Infinitiv | 3. Person Singular Präsens |
|---|---|
| **loben** | er, sie, es lobt |
| leben | **er, sie, es lebt** |
| **lieben** | er, sie, es liebt |
| lesen | **er, sie, es liest** |
| **hupen** | er, sie, es hupt |
| graben | **er, sie, es gräbt** |
| **rasen** | er, sie, es rast |
| hinken | **er, sie, es hinkt** |

**Seite 73** 3

freundlich – freundlicher
winzig – winziger
weit – weiter
geizig – geiziger
reichlich – reichlicher
rund – runder

**Seite 74** 4 Mäuse: M**au**s, m**au**sen, M**au**seloch
wärmen: w**a**rm
erklären: kl**a**r, Kl**a**rheit
Ärmel: **A**rm
träumen: Tr**au**m
Gebäude: b**au**en, B**au**werk
gläubig: gl**au**ben, Gl**au**be

**Seite 74** 5 **Die Rechenaufgabe**
Im Supermark**t** steht vor der Kasse eine en**d**lose Schlange. Die Verk**äu**ferin an der Registrierkasse schwitz**t** Blu**t** und Wasser, der kleine Theo stapel**t** Artikel über Artikel vor ihr auf. En**d**lich ist der Einkaufswagen leer, und die Verk**äu**ferin lie**s**t die En**d**summe vom meterlangen Kassenbon ab. Da mein**t** der Kleine unschuldi**g**: „So, nun können Sie alles wieder einr**äu**men, ich brauche die Summe bloß für eine Rechenaufgabe. Meine Note in Mathemati**k** soll nicht wieder so schlech**t** sein wie auf dem letzten Zeugnis."

**Seite 75** 1

| | |
|---|---|
| Wort: Ort | welche: Elch, Elche |
| schwierig: wie, er | er glaubt: Laub, lau |
| gerade: er, Rad | erstaunlich: er, erst, Stau, Tau, ich |

**Seite 75** 2 waagerecht: schräg, Knäuel, vorwärts, rückwärts, Geländer
senkrecht: sägen, abwärts, Säule, Bär, Ähre

**Seite 75** 3 Brotl**ai**b: ein ganzes Brot
K**ai**ser: Herrscher eines Reiches
l**ai**chen: Fische und Amphibien legen ihre Eier im Wasser ab
M**ai**: Frühlingsmonat
M**ai**n: Fluss
M**ai**s: Gemüsesorte
S**ai**te: Teil eines Streich- oder Zupfinstruments
T**ai**fun: tropischer Wirbelsturm
W**ai**se: Kind ohne Eltern
M**ai**land: Stadt in Italien

**Seite 75** 4 Freie Aufgabe

**Seite 76** 1 Es fehlen: C, H, O, V

**Seite 76** 2 B**C**D E**F**G J**K**L O**P**Q T**U**V

**Seite 76** 3 D**EF** G**HI** L**MN** O**PQ** U**VW**

**Seite 76** 4
- Norden, Osten, Süden, Westen
- Frühling, Herbst, Sommer, Winter
- Deutsch, Englisch, Geschichte, Sport

**Seite 76** 5
- **Ta**statur, **Ti**efsee, **To**n, **Tu**be
- **Wei**hnachten, **Wel**t, **Wer**k, **Wes**tfalen
- **Span**nung, **Spaß**, **Spi**el, **Spo**rt

**Seite 77** 6

| | |
|---|---|
| er liest: lesen | kälter: kalt |
| am größten: groß | sie verreist: verreisen |
| Gärten: Garten | Läuse: Laus |
| ihr gießt: gießen | sie schwimmt: schwimmen |

**Seite 77** 7 Diese Schreibweisen sind richtig:
Theater, Geige, Fahrstunde, Geheimnis, meistens, Jagd, niesen, Physik, voraus, herabsteigen, Margarine

**Seite 77** 1

| Nomen | Verben | Adjektive |
|---|---|---|
| der Himmel<br>das Wasser<br>der Sturz<br>der Name<br>der Dackel | gehen<br>riechen<br>teilen<br>bleiben<br>bellen | rot<br>blau<br>langsam<br>voll<br>klein |

**Seite 78** 2

| -ung | -heit | -keit |
|---|---|---|
| Umleitung | Frechheit | Heiterkeit |
| Umgebung | Gesundheit | Tapferkeit |
| Zeichnung | | Einsamkeit |

| -nis | -tum | -schaft |
|---|---|---|
| Hindernis | Wachstum | Herrschaft |
| Erlebnis | Brauchtum | Gefangenschaft |
| | Reichtum | Freundschaft |
| | | Grafschaft |

**Seite 78** 3

- Wasser, **das** zu lange kocht, verdunstet.
  Wasser, **welches** zu lange kocht, verdunstet.
- Ich esse **das** nicht gern.
  Ich esse **dieses** nicht gern.
- Ein Auto, **das** kein Benzin hat, fährt nicht.
  Ein Auto, **welches** kein Benzin hat, fährt nicht.
- Wegen des schlechten Wetters fällt **das** Spiel aus.
  Wegen des schlechten Wetters fällt **dieses** Spiel aus.

**Seite 79** 4 Beispiele:

- Erinnere dich daran, **dass** du noch einkaufen wolltest.
- Mir fällt gerade ein, **dass** mein Fahrrad noch bei dir steht.
- Maike achtet darauf, **dass** ihr Meerschweinchen nicht zu dick wird.
- Leon hat nicht daran gedacht, **dass** er morgen früh aufstehen muss.
- Vergiss nicht, **dass** du dir noch die Zähne putzen musst.

**Seite 79** 5 Wie gut hören Hunde (Tipp 5)
Wir wundern uns manchmal darüber, das (Tipp 5) der in seinem Körbchen (Tipp 2) schlummernde Vierbeiner (Tipp 5) plötzlich die Ohren spitzt und seinen Kopf zur Wohnungstür richtet, noch bevor (Tipp 4 und Tipp 3) die Klingel ertönt oder jemand hereinkommt. Das (Tipp 5) ist gar nicht verwunderlich (Tipp 2). Der Hund hat nämlich schon einige Zeit vor uns das Geräusch wahrgenommen.
Hunde lernen schnell, für sie wichtige oder interessante (Tipp 4 und Tipp 3) Geräusche von nebensächlichen (Tipp 2) zu unterscheiden. Für sie ist das (Tipp 5) kein Problem (Tipp 4 und Tipp 3). Laute Musik aus dem Radio oder anderen Lärm empfinden (Tipp 4 und Tipp 3) sie zwar als störend (Tipp 2), aber sie reagieren kaum darauf. Ein ungewohntes Geräusch in ihrer unmittelbaren Umgebung (Tipp 5) erweckt hingegen sofort ihre Aufmerksamkeit

(Tipp 5). Ein Mensch mit gutem Gehör (Tipp 5) vernimmt das Ticken einer Armbanduhr (Tipp 2) manchmal noch in einer Entfernung von drei Metern, der Hund jedoch bis zu 25 Metern. Im Vergleich zu Geruch (Tipp 5) und Gehör (Tipp 5) ist das Sehvermögen weniger gut (Tipp 5) entwickelt.

## Konsonanten nach kurz gesprochenen, betonten Vokalen

**Seite 80** 1

... keine Schiffsreling und auch keine Fenster haben.

**Seite 81** 2

In den Häfen am Meer ging es nicht weniger lebhaft zu. Die Tiere, die nicht schwi**mm**en ko**nn**ten, gingen an Bord moderner Schne**ll**dampfer. Es lagen aber auch große Walfische am Pier und spe**rr**ten ihre riesigen Mäuler auf. Sie ha**tt**en sich freiwi**ll**ig für den Transport der Konferenzteilnehmer zur Verfügung geste**ll**t, und wer den Schi**ff**smotoren nicht traute, brauchte nur über die Laufplanke in einen der Walfische hineinzuspazieren. „Schi**ff**e gehen zuweilen unter“, sagte der Hase zum Fuchs. „Aber dass ein Walfisch untergegangen ist, habe ich noch nie gehört.“ – Damit ho**pp**elte er über die Planke in den aufgespe**rr**ten Rachen des Ungeheuers. Schließlich war alles an Bord. Die Schi**ff**ssirenen heulten auf. Die Walfische kla**pp**ten ihre Mäuler zu. Wa**ss**erfontänen spri**tz**ten hoch, und die Flo**tt**ilie se**tz**te sich in Bewegung. Die Verwandten am Ufer winkten. Die Delegierten an der Schi**ff**sreling winkten zurü**ck**. Nur die Abgeordneten im Bauch der Walfische – die winkten nicht. Weil Walfische ...

**Seite 81** 3

- Latte – die Latten
- fallen – er, sie, es fällt
- Kammer – die Kammern
- brüllen – er, sie, es brüllt
- wippen – er, sie, es wippt
- Hammer – die Hämmer
- brennen – er, sie, es brennt
- summen – er, sie, es summt
- Stamm – die Stämme
- Lippe – die Lippen
- Ball – die Bälle
- Nummer – die Nummern
- Tasse – die Tassen

**Seite 82** 4

Beispiele:

- Latte – Matte – Watte – Platte
- fallen – knallen – lallen – hallen
- Kammer – Hammer – Jammer
- brüllen – füllen – knüllen
- wippen – kippen – stippen – (die) Sippen
- Hammer – Kammer – Jammer
- brennen – kennen – flennen
- summen – brummen – (die) Stummen
- Stamm – Lamm – Kamm – Damm
- Lippe – Wippe – Rippe
- Ball – Fall – Knall – Hall
- Nummer – Kummer – Hummer
- Tasse – Kasse – Rasse – Masse

**Seite 82** **5**

Günter Ullmann
**Bevor ich meine Eltern**
**ins Bettchen schaffe …**

… mu**ss** ich sie schru**bb**en,
aus- und anziehn wie Pu**pp**en.
Meine Mutter fü**tt**ern
und mit Vater gewi**tt**ern.
A**ll**e Pferdchen stallen
und mit Luftba**ll**ons kna**ll**en.
Indianer spielen und singen,
Milch und Äpfelchen bringen.
Vater huckepack tragen,
Mu**tt**er Märchen aufsagen.

Bruno Horst Bull
**Ko**mm **in mein Haus**

Ko**mm** in mein Haus,
ko**mm** in mein kleines Haus.
Die Fenster stehn o**ff**en,
die Türe ist auf,
da schauen wir beide
von dri**nn**en heraus.

**Seite 82** **1**

Hund: Hundehütte, Hundeleine, hundsgemein ...
Dank: Danksagung, sich bedanken …
Klang: klangvoll, Klangkörper …
lang: Länge, länger, Langeweile …
Geld: Geldautomat, Geldschein …
dunkel: Verdunkeln, Dunkelheit …
Lenker: lenken, Fahrradlenker …
rund: abrunden, Rundung, Rundgang …
denken: bedenken, Denker, Denkschrift …

**Seite 83** **2**

Band und Wand oder Bund und wund; Kind und Rind; Geld und Welt; Rand und Hand oder rund und Hund

**Seite 83** **3**

a) Sand
b) Wand
c) Hund
d) Wald

**Seite 83** **4**

Etwas unbedingt tun wollen, ohne auf mögliche Nachteile zu achten [b]
Das Naheliegende, Offensichtliche nicht sehen [d]
Sich häufig streiten [c]
Etwas bewusst nicht wahrhaben wollen [a]

**Seite 83** **1**

| | | | | | |
|---|---|---|---|---|---|
| **W** | E | C | K | E | N |
| F | **A** | C | K | E | L |
| B | Ä | **C** | K | E | R |
| | E | C | **K** | I | G |
| S | O | C | K | **E** | N |
| **L** | A | C | K | | |
| **Z** | I | C | K | E | |
| P | **A** | C | K | E | N |
| **H** | O | C | K | E | N |
| N | I | C | K | E | **N** |

Lösungswort: Wackelzahn

**Seite 84** **2**

Freie Aufgabe

**Seite 84** 3

Mütze – Stütze, Pfütze
ersetzen – vernetzen, schätzen
nutzen – Stutzen, stutzen
Netz – Gesetz
zuletzt – besetzt, vergrätzt
Tatze – Katze
Einsitzer – Flitzer
ritzen – spitzen, flitzen

**Seite 85** 1

Pel**z**, tan**k**en oder tan**z**en, Nel**k**e, sich zan**k**en, stol**z**, Len**k**er, Ar**zt**, Stur**z**, En**k**el, Plan**k**e, kur**z**, flin**k**, Lan**z**e, grun**z**en, gan**z**, ran**z**ig, zwan**z**ig, Hol**z**, wür**z**ig, Ner**z**, Fal**k**e, den**k**en, Win**k**el, mel**k**en, Schmer**z**, Ker**z**e, Mär**z**, Wal**z**er, Im**k**er

**Seite 85** 2

Das ist eine mögliche Schlange:
LENKERRANZIGGRUNZENNELKEENKELLANZE

**Seite 85** 3

| **Infinitiv** | **1. Person Singular Präsens** | **1. Person Singular Präteritum** |
|---|---|---|
| danken | ich danke | ich dankte |
| schminken | ich schminke | ich schminkte |
| stürzen | ich stürze | ich stürzte |

**Seite 86** 4

Hans Manz
**Nachrichten aus den Königshäusern**

Warum schni**tt** der Kaiser Grima**ss**en
und stöhnte, als man ihn krönte?
Eine Mü**ck**e saß unter der Krone,
fühlte sich falsch am Pla**tz**e,
konnt' es nicht la**ss**en
und stach den Kaiser
in die Gla**tz**e.

Was tat die Prinze**ss**in auf der Erbse,
als sie auf zwan**z**ig Matra**tz**en
und zwan**z**ig Eiderdaunendecken
nicht schlu**mm**erte,
nicht döste,
nicht schlief?
Sie rief, sie rief:
Man so**ll** mir eine Leiter bri**ng**en,
ich traue mich nicht,
aus dem Be**tt** zu spri**ng**en!

Wie trin**k**t eine Königin den Tee?
Sie trinkt ihn aus Porze**ll**an,
weiß wie Schnee,
versteht es, die Hen**k**el der Tassen
mit spi**tz**en Fingern zu fa**ss**en,
si**tz**t ker**z**engerade im Throne und
führt den Tee
wu**nd**erbar zierlich zum Mu**nd**.
Mit spi**tz**en Li**pp**en versucht sie,
und we**nn** sie sich den Mu**nd** verbre**nn**t,
flucht sie.

Wo si**tz**en die Kaiser,
die Kaiseri**nn**en?
Wo si**tz**t der König,
die Königin?
Wo si**tz**en sie, wo?
Genau wie du und ich:
auf dem Po.

## s-Laute

**Seite 87** 1

Tasse, Gräser, fließen, Gas, messen, weiß, begossen, Haus, Masse, Straße, blasen, Fuß, Lose, heißen, Schlüssel, liest, reißen, Bremse, lassen, Glas, Gänse, Grüße, passen, Eis, niesen, Kasse, Bläser, groß, Los, Häschen, Klöße

**Seite 87** 2

| **stimmhaft, gesummt ausgesprochener s-Laut** | **stimmlos, gezischt ausgesprochener s-Laut** | | |
|---|---|---|---|
| **s geschrieben** | **s geschrieben** | **ß geschrieben** | **ss geschrieben** |
| Gräser<br>blasen<br>Lose<br>Bremse<br>Gänse<br>niesen<br>Bläser | Gas<br>Haus<br>liest<br>Glas<br>Eis<br>Los<br>Häschen | fließen<br>weiß<br>Straße<br>Fuß<br>heißen<br>reißen<br>Grüße<br>groß<br>Klöße | Tasse<br>messen<br>begossen<br>Masse<br>Schlüssel<br>lassen<br>passen<br>Kasse |

**Seite 88** 1

Gras: grasen, Gräser
er liest: lesen, Lesebuch
Glas: Gläser, Glaser, glasig
sie saust: sausen, Sauseschritt
ihr verreist: verreisen, Reise
Preis: anpreisen, Preise
sie bewies: beweisen, Beweise
er bläst: blasen, Blasebalg

**Seite 88** 2

bloß, dreißig, fleißig, Floß, Fuß, genießen, gießen, groß, heiß, Klöße, Maße, Straße, weiß, zerfließen, zerreißen

bloß – Floß – groß; Maße – Straße; heiß – weiß; dreißig – fleißig; genießen – zerfließen

**Seite 88** 3

Gru**ß**, Hau**s**, ich wei**ß**, Ei**s**, Spa**ß**, er blie**s**, Ga**s**, er bei**ß**t, ihr le**s**t, Lo**s**bude
Verwandte Wörter: Häuser, eisig, blasen, Gase, lesen, losen

**Seite 89** 1

Beispiele: Fass, Pass, bissig, Kuss, Kasse, lassen, küssen, Fässer, Gasse, Hass, hassen

**Seite 89** 2

fassen: das Fass
küssen: der Kuss
hassen: der Hass
passen: der Pass
kassieren: die Kasse, der Kassierer, die Kassiererin
massieren: die Massage

**Seite 89** 3

lassen – fassen
wissen – Kissen
müssen – küssen
Tasse – Masse
Kuss – muss
messen – essen

**Seite 89** 4

Freie Aufgabe

**Seite 90** 1

sie schie**ß**t
die Ta**ss**e
die Fü**ß**e
das Bierfa**ss**
das Flu**ss**ufer
er lä**ss**t
das Wei**ß**brot
der Schlü**ss**el
geri**ss**en
er flie**ß**t
gego**ss**en
ich hei**ß**e
der Spa**ß**
der Ha**ss**
ein bi**ss**chen
gro**ß**

**Seite 90** 2

Dieses sind zwei mögliche Beispielsätze:
- Anke schießt den Ball kurz vor dem Abpfiff ins Tor.
- Das Flussufer ist ein idealer Platz zum Sonnen.

**Seite 90** 3

Fluss: flie**ß**en – geflo**ss**en
vergessen: ich verga**ß** – verge**ss**lich
Schluss: abschließen – abgeschlo**ss**en
lassen: ich lie**ß** – gela**ss**en
Schuss: sie schie**ß**t – sie hat gescho**ss**en
Biss: er bei**ß**t – bi**ss**ig
gießen: ich habe gego**ss**en – Gie**ß**kanne

**Seite 90** 4

Dieses ist ein Beispiel. Bestimmt findest du noch andere Möglichkeiten:

- Jonas vergaß in der Jugendherberge seinen Rucksack. Er ist wirklich vergesslich.

**Seite 91** 5

Martin Auer
**Über die Erde**

Über die Erde
soll**st** du barfu**ß** gehen.
Zieh die Schuhe au**s**,
Schuhe machen dich blind.
Du kann**st** doch den Weg
mit deinen Zehen **s**ehen.
Auch das Wa**ss**er
und den Wind.

Sollst mit deinen **S**ohlen
die Steine berühren,
mit ganz nackter Haut.
Dann wir**st** du bald **sp**üren,
dass dir die Erde vertraut.

Spür da**s** na**ss**e Gra**s**
unter deinen Fü**ß**en
und den trockenen **St**aub.
La**ss** dir vom Moo**s**
die **S**ohlen **st**reicheln und kü**ss**en
und fühl
das Kni**st**ern im Laub.

Steig hinein,
steig hinein in den Bach
und lauf aufwärt**s**
dem Wa**ss**er entgegen.
Halt dein Ge**s**icht
unter den Wa**ss**erfall.
Und dann soll**st** du dich
in die **S**onne legen.

Leg deine Wange an die Erde,
riech ihren Duft und **sp**ür,
wie auf**st**eigt au**s** ihr
eine ganz gro**ß**e Ruh'.
Und dann ist die Erde
ganz nah bei dir,
und du wei**ß**t:
Du bi**st** ein Teil von allem
und gehör**st** dazu.

**Seite 91** 6

Wenn man Schuhe anhat, dann kann man den Boden nicht so gut erspüren wie barfuß.

## Lang ausgesprochene Vokale

**Seite 92** 1

Hose, nämlich, Segel, holen, rufen, Schule, leben, Sage, Vase, Töne, Hüte, Rasen, lose, Tage, tragen, Ferien, loben

**Seite 92** 2

dämlich, malen, nämlich, Rose, Sage, schwer, spät, Ware

**Seite 92** 3

**Die Eroberung des Weltalls**
Am 4. Okt**o**ber 1957 umkreiste zum ersten M**a**l ein Satellit die Erde. W**a**rum ist dieses D**a**tum s**o** wichtig?
An diesem T**a**g begann die Er**o**berung des Weltalls. Zum ersten M**a**l verließ ein auf der Erde von Menschen hergestelltes Objekt unsere Atmosph**ä**re. Es w**a**r der Sputnik, ein russischer Satellit.
Fünf Min**u**ten nach seinem Start begann der Sputnik, die Erde zu umkreisen, w**o**bei er einen lauten T**o**n von sich g**a**b, der auf der ganzen Erde geh**ö**rt werden konnte.
Einen M**o**nat sp**ä**ter wurde ein zweiter Sputnik gestartet, diesmal mit einer Hündin an Bord. Sie hieß Laika und w**a**r das erste L**e**bew**e**sen, das die Erde umkreiste.

**Seite 93** 4 Rosine, Bibel, Igel, Ruine, Margarine, Tiger, Ski, Musik, Krokodil, Benzin

**Seite 94** 1 Klee, Schnee, Teer, Meer, Tee, Speer, Kaffee, Beere, leer

**Seite 94** 2 Freie Aufgabe

**Seite 94** 3 **Vom Aal aus Dänemark**

Es lebt' im **Staat**e Dänemark
Ein sehr beleibter **Aal**.
Der sprach: „Ich bin am Bauch zu stark,
Grad wie ein riesengroßer **Saal**."
Und stellt' sich auf die **Waage**.

„Von stark kann keine Rede sein,
Da sträubt sich mir das **Haar**.
Du bist zu dick, das ist's allein."
Frau **Aal** sprach's laut und klar.
Das holt' ihn von der **Waage**.

**Seite 95** 4 Moor, Moos, Zoo, Boot, doof

**Seite 95** 5 Moorhuhn, Aalsuppe, Teekanne, Zootiere, Gummiboot, Pulverschnee, Tanzsaal, Blaubeere, Haarspange, Meerenge, Moosbett, Speerwurf, Personenwaage, Seeungeheuer

**Seite 95** 6

- Ein **E**sel frisst Kl**ee**, trinkt aber keinen T**ee**.
- Eine D**o**se voller L**o**se fand ich im M**ee**r.
- Zunächst tanzte der H**a**se im S**aa**l, später s**a**ß er im Gr**a**ben.
- Wenn ich ein Buch l**e**se, koche ich mir zuvor eine Tasse Kaff**ee** oder eine Tasse Blaub**ee**rt**ee**.

**Seite 96** 1

| Dehnungs-h vor l | Dehnungs-h vor m | Dehnungs-h vor n | Dehnungs-h vor r |
|---|---|---|---|
| Stu**hl** | Ru**hm** | Zä**hn**e | bo**hr**en |
| Fe**hl**er | ne**hm**en | Hü**hn**er | U**hr** |
| Me**hl** | nacha**hm**en | So**hn** | Ro**hr** |
| stra**hl**en | Ra**hm**en | Eisenba**hn** | Le**hr**erin |
| ma**hl**en | Le**hm** | Bo**hn**e | fa**hr**en |
| Ku**hl**e | angene**hm** | Bü**hn**e | Wa**hr**heit |
| | zä**hm**en | | |

**Seite 96** 2

- Zahl: zählen, Zahlenstrahl, Zahlstelle, gezählt
- Wahl: wählen, Wahlurne, gewählt
- Lehrer: lehren, Lehrstelle, gelehrt
- fahren: er fährt, Fahrschule, Fahrrad
- Höhle: aushöhlen, ausgehöhlt, Höhleneingang

**Seite 97** 3

- er mäht: mä-hen
- es blüht: blü-hen
- er näht: nä-hen
- es zieht: zie-hen
- sie geht: ge-hen
- du siehst: se-hen
- sie steht: ste-hen

**Seite 97** 4

| Person | stehen | fehlen | sehen |
|---|---|---|---|
| ich | stehe | fehle | sehe |
| du | stehst | fehlst | siehst |
| er, sie, es | steht | fehlt | sieht |
| wir | stehen | fehlen | sehen |
| ihr | steht | fehlt | seht |
| sie | stehen | fehlen | sehen |

**Seite 97** 5

| Person | nehmen | verzeihen | sehen |
|---|---|---|---|
| ich | nahm | verzieh | sah |
| du | nahmst | verziehst | sahst |
| er, sie, es | nahm | verzieh | sah |
| wir | nahmen | verziehen | sahen |
| ihr | nahmt | verzieht | saht |
| sie | nahmen | verziehen | sahen |

**Seite 98** 1

**Das Landleben**
Die L**eh**rerin schreibt als Th**e**ma an die Tafel: Das Landl**e**ben. Der z**eh**njährige Tim gibt s**eh**r schnell ab. In seinem Heft st**eh**t: Das L**e**ben auf dem Lande ist s**eh**r lustig. Die kleinen Schweine l**e**gen das große Schwein auf die Seite und knabbern ihm die Knöpfe von der Weste ab. M**eh**r weiß ich nicht.

**Seite 98** 2

Sahne – Sahneschüssel
Rat – Rathaus
Mahl – Mahlzeit
Tat – Tatsache
Vase – Blumenvase
Bahn – Bahngleise
Rahmen – Bilderrahmen
Wal – Walfang
Wahl – Wahlerfolg
Zahn – Zahnarzt
Nadel – Nadelkissen

**Seite 98** 3

Folgende Lösungswörter ergeben sich in der Reihenfolge des Rätsels:
Lohn, Tor, Honig, Bohne, Ton, Kohle, Sohle, Dose, Sohn, Mond

**Seite 99** 1

Biene, die, Dienstag, dieser, diktieren, Fliege, Frieden, genießen, gießen, kariert, kriechen, Krieg, lieben, Lied, liegen, niemand, Papier, probieren, riechen, Riegel, Riese, schief, schwierig, sie, sieben, Spiegel, Spiel, sprießen, Stiefel, tief, verlieren, viel, Wiese, Ziege, Ziel

**Seite 99** 2

Einige Möglichkeiten: Ziege – Fliege; die – sie; diktieren – probieren; gießen – sprießen; kriechen – riechen; schief – tief; Spiel – Ziel; viel – Ziel; …

**Seite 99** 3

| Infinitiv | 1. Person Singular Präsens | 1. Person Singular Präteritum |
|---|---|---|
| laufen | ich laufe | ich lief |
| fallen | ich falle | ich fiel |
| heißen | ich heiße | ich hieß |
| beweisen | ich beweise | ich bewies |
| schreien | ich schreie | ich schrie |
| rufen | ich rufe | ich rief |
| halten | ich halte | ich hielt |
| bleiben | ich bleibe | ich blieb |
| treiben | ich treibe | ich trieb |

**Seite 100** 1

- Jule schenkt **ihm** einen gelben Plüschbären.
- Jonas besucht **ihn** im Krankenhaus.
- Die Schülerinnen und Schüler kaufen **ihm** zum Geburtstag ein Buch.
- Paul spielt mit **ihrem** Hund.

**Seite 100** 2

Janosch
**Das L**ie**besbr**ie**f-Ei**

Eine Henne verspürte große Lust
unter den Federn in der Brust,
aus L**ie**be dem Freund, einem Hahn, zu schreiben,
er solle nicht länger in Düsseldorf bleiben.
Er solle doch l**ie**ber h**ie**r – zu **ihr** eilen
und mit **ihr** d**ie** einsame Stange teilen,
auf der **sie** schl**ie**f.
Das stand in dem Br**ie**f.

Wir müssen noch sagen: Es fehlte **ihr**
an gar nichts. Außer an Br**ie**fpap**ie**r.
Da schr**ie**b **sie** ganz einfach und deutlich mit Blei
den L**ie**besbr**ie**f auf ein Hühnerei.
Jetzt noch mit einer Marke bekleben
und dann auf dem Postamt abgegeben.
Da knallte der Postmann den Stempel aufs Ei.
Da war **sie** vorbei.
D**ie** L**ie**belei.

# Zeichensetzung

## Das Komma zwischen Aufzählungen

**Seite 101** 1

- Im Zoo haben wir Elefanten, Löwen, Kängurus, Affen und Wölfe gesehen.
- Hunde beschnuppern gern Bäume, Laternen und Hausecken.
- Ein gut erzogener Hund läuft an der Leine, kommt sofort auf Zuruf, wartet geduldig vor einem Geschäft, jagt keinem Radfahrer oder Jogger nach und packt auch nicht den Briefträger an den Hosenbeinen.
- Schnauzer haben ein raues, hartes und dichtes Haarkleid.
- Schnauzer sind friedfertig, eher ruhig und bedächtig.
- Kaum eine Hunderasse ist so eng an Haus, Hof und Familie gebunden wie der Spitz.
- Mit angeborenem Argwohn und lautstarkem Gebell bewachte er schon in früheren Jahrhunderten den Kahn des Schiffers, den Pferdewagen des Fuhrmanns oder den entlegenen Bauernhof.

**Seite 101** 2

**Windhunde**
Schon vor Jahrtausenden stellten die Ägypter auf Denkmälern, in Grabkammern, an Felswänden und auf Schalen und Vasen Hunde dar. Diese Abbildungen gleichen unseren heutigen Windhunden. Dabei handelt es sich um Hunde mit langem, schmalem Kopf, mit einem biegsamen Körper und hoch „aufgezogenem“ Leib, einem kräftigen Brustkorb und hohen, sehnigen Läufen. Die Pharaonen schätzten diese schnellen, ausdauernden Hunde. Der Wert der Hunde beruhte hauptsächlich auf der Geschwindigkeit beim Jagen. Über Steppengras und Wüstensand hetzten sie Antilopen, Gazellen und anderen Tieren schnell wie der Wind hinterher.

## Das Komma bei Anreden und Ausrufen

**Seite 102** 1

- O weh, du siehst sehr schlecht aus!
- Achtung, hinter dir steht jemand!
- Versteck dich hinter dem Hügel, Meike.
- Lasst mich nicht allein, bitte!
- Marvin, steh bitte auf!
- Klarissa, ich möchte nicht, dass du so spät nach Hause kommst.
- Für dich, liebe Marie, tue ich alles.
- Mein kleiner Bruder kommt immer mit, leider.
- Ach, dann bleibe ich lieber zu Hause.

**Seite 102** 2

**Der Überfall**

… Leise näherten wir uns dem Zeltlager. „Vorsicht, da ist eine Baumwurzel!", flüsterte ich den anderen zu. Astrid nahm das Bettlaken und bedeckte ihren ganzen Körper damit. „Suse, du musst mich führen", sagte sie mit dumpfer Stimme, „ich sehe nichts mehr." Suse nahm sie geräuschlos an die Hand. Nun erreichten wir den Zeltplatz. Alles war ruhig. Doch dann ertönte ein ohrenbetäubender Lärm. „O je, man hat uns verraten!", dachte ich bestürzt. In Windeseile waren wir gefesselt. „Suse, Martin und Astrid, das war keine gute Idee, uns zu überfallen!", lachte Karina.

## Das Komma in Satzgefügen

**Seite 103** 1

Vor dem Stadion gab es lange Staus, <u>weil viele Menschen das Spiel sehen wollten.</u>
Die Zuschauer kamen, <u>obwohl heftiges Schneetreiben vorausgesagt war.</u>
Sie waren enttäuscht, <u>als das Spiel abgesagt wurde.</u>

**Seite 103** 2

- Weil sie dort viel Geld verdienen können, wollen manche Profis in China spielen.
  Manche Profis wollen, weil sie dort viel Geld verdienen können, in China spielen.
- Viele Jungen wollen Fußballprofis werden, obwohl die Chancen sehr gering sind.
  Viele Jungen wollen, obwohl die Chancen sehr gering sind, Fußballprofi werden.
- Die Spieler wurden jubelnd empfangen, nachdem Deutschland 1954 zum ersten Mal Fußballweltmeister geworden war.
  Nachdem Deutschland 1954 zum ersten Mal Fußballweltmeister geworden war, wurden die Spieler jubelnd empfangen.

**Seite 104** 3

- Der Schiedsrichter pfeift das Spiel an, nachdem er die Spieler gezählt hat.
- Es gibt Elfmeter, weil ein Spieler den Ball mit der Hand berührt hat.
- Der Auswechselspieler darf den Platz betreten, als der Schiedsrichter das Zeichen gegeben hat.
- Der Linienrichter winkte mit der Fahne, weil der Spieler im Abseits stand.

# Der Jahrgangsstufentest

## Kompetenzbereich I: Textzusammenfassung und Textverständnis

Seite 109 **1**

**Abschnitt 1 (Z. 1–10)**
- ☐ Der Operationssaal in der Wüstenklinik
- ☐ Ein verletzter Wanderfalke
- ☐ Eine Klinik für Falken in der Wüste
- ☒ Ein Fall für Margit Müller

**Abschnitt 2 (Z. 11–22)**
- ☒ Verehrung der Falken in den Vereinigten Arabischen Emiraten
- ☐ Falken als Jagdtiere
- ☐ Der Wert eines Falken
- ☐ Verhinderung von Langeweile

**Abschnitt 3 (Z. 23–28)**
- ☐ Anzahl der verletzten Falken
- ☐ Hindernisse für Falken
- ☒ Verletzungen und Krankheiten der Wanderfalken
- ☐ Weltrekord der versorgten Falken

**Abschnitt 4 (Z. 29–41)**
- ☒ Ausstattung der Falkenklinik
- ☐ Die Intensivstation der Falkenklinik
- ☐ Auswilderung der Falken
- ☐ Betreuung der Falken durch die Ärzte

**Abschnitt 5 (Z. 42–45)**
- ☐ Ergebnis der Operation
- ☐ Anzahl der Operationen
- ☐ Der Falke als Wappentier
- ☒ Die Auszeichnung

Seite 109 **2**

a) Was für Behandlungsräume gibt es in der Falkenklinik?
- ☐ Abschnitt 1
- ☐ Abschnitt 2
- ☒ Abschnitt 4
- ☐ Kein Abschnitt

b) Wie lange kümmert sich die Ärztin Margit Müller schon um kranke und verletzte Falken in Abu Dhabi?
- ☒ Abschnitt 1
- ☐ Abschnitt 3
- ☐ Abschnitt 5
- ☐ Kein Abschnitt

c) Wo kann man Falken, die zur Jagd dressiert sind, kaufen?
- ☐ Abschnitt 2
- ☐ Abschnitt 3
- ☐ Abschnitt 5
- ☒ Kein Abschnitt

d) Welche Auszeichnung hat die Ärztin Margit Müller erhalten?
- ☐ Abschnitt 1
- ☐ Abschnitt 2
- ☐ Abschnitt 4
- ☒ Abschnitt 5

e) Welche Verletzungen erleiden die Wanderfalken?
- ☐ Abschnitt 1
- ☐ Abschnitt 2
- ☒ Abschnitt 3
- ☐ Kein Abschnitt

f) Wozu dient die Aufzuchtstation für Falken?
- ☐ Abschnitt 1
- ☐ Abschnitt 2
- ☒ Abschnitt 4
- ☐ Kein Abschnitt

**Seite 111** **3**

a) Dank ihrer scharfen Augen erspähen Falken selbst ~~große~~ Beutetiere aus großer Höhe.
kleine

b) Dort sollen die Falken aufgepäppelt werden, um sie in anderen Ländern wieder ~~einzufangen~~ […].
auszuwildern

c) Die ~~wenigsten~~ Patienten haben Infektionen […]
meisten

d) 100 Mitarbeiter aus ~~60~~ Ländern kümmern sich im Hospital um solche „Pechvögel".
16

e) Zweimal am Tag brauchen die Tiere einen „Ausflug", sonst würden sie ~~die Flucht ergreifen~~.
sich langweilen

**Seite 111** **4**

**Abschnitt 1 (Z. 1 – 10)**
- ☐ stellt Fragen an die Leser.
- ☐ informiert über das Leben eines Wanderfalken.
- ☒ führt den Leser anhand eines Beispiels in das Thema ein.
- ☐ beschreibt den Operationssaal der Falkenklinik.

**Abschnitt 2 (Z. 11 – 22)**
- ☐ beantwortet die Fragen des ersten Abschnitts.
- ☒ berichtet von der Bedeutung der Falken früher und heute.
- ☐ gibt weitere Informationen zum Leben eines Wanderfalken.
- ☐ informiert über die Geschichte der Falkenklinik.

**Abschnitt 3 (Z. 23 – 28)**
- ☐ informiert über die Flugkünste der Wanderfalken.
- ☒ knüpft inhaltlich direkt an den Abschnitt 2 an.
- ☐ widerspricht den Aussagen des ersten Abschnitts.
- ☐ nimmt das Ende des Textes vorweg.

**Abschnitt 4 (Z. 29 – 41)**
- ☐ enthält die wichtigsten Informationen zu den Wanderfalken.
- ☐ stellt das Problem des Aussterbens der Wanderfalken dar.
- ☐ bereitet die Leser auf den Schluss des Textes vor.
- ☒ informiert über die Ausstattung der Klinik und die Arbeitsweise der Ärzte.

**Abschnitt 5 (Z. 42 – 45)**
- ☒ knüpft an den ersten Abschnitt an.
- ☐ verwirrt den Leser durch einen unerwarteten Schluss.
- ☐ stellt kritische Fragen an die Leser.
- ☐ wiederholt die Aussagen des vierten Abschnitts.

**Seite 112** 5

| Aussage | richtig | falsch | nicht in der Broschüre enthalten |
|---|---|---|---|
| Bei den meisten Verkehrsunfällen in Berlin sind Fahrradfahrer beteiligt. | X | | |
| Berlin hat das dichteste Radfahrnetz Deutschlands. | | | X |
| Man kann sich vor Unfällen schützen, indem man das Fahrradlicht einschaltet. | X | | |
| Die Broschüre gibt Tipps zum sicheren Radfahren. | X | | |
| Die Broschüre wirbt für ein Fahrradgeschäft. | | X | |

## Kompetenzbereich II: Ausdrucksvermögen

**Seite 113** 6

| | |
|---|---|
| Fahrradfahrer sind oft an Verkehrsunglücken beteiligt. Deshalb ist es besonders wichtig, | *Verkehrsunfällen* |
| weise zu fahren. Vor allem müssen die | *vorausschauend, vorsichtig* |
| Verkehrsanweisungen genau eingehalten werden. | *Verkehrsbestimmungen, Verkehrsregeln, Regeln der Straßenverkehrsordnung* |
| Ein Fahrradhelm schützt vor schweren Kopfnüssen. | *Kopfverletzungen* |
| Das Fahrrad selbst muss fahrsicher sein. | *verkehrstauglich, fahrtauglich, fahrtüchtig* |

**Seite 113** 7

a) Kranke oder verletzte Wanderfalken werden in der Wüstenklinik **be**handelt.
b) Die Ärzte **ver**sorgen jährlich etwa 11 500 Falken.
c) Die Tierärztin Margit Müller wurde mit einem Orden für ihre Arbeit **aus**gezeichnet.
d) Oft werden Wanderfalken von Autos **an**gefahren.
e) Wanderfalken **er**spähen selbst kleine Beutetiere aus großer Höhe.

**Seite 113** 8

a) Die abgerichteten Wanderfalken helfen bei der Jagd.
- ☒ dressierten
- ☐ verzogenen
- ☐ braven
- ☐ unterwürfigen

b) Früher zogen Beduinen mit Falken durch die Wüste.
- ☒ wanderten
- ☐ spazierten
- ☐ liefen
- ☐ schlenderten

c) Heute brauchen die Menschen die Falken natürlich nicht mehr, um ihre Nahrung zu besorgen.
- ☐ wahrscheinlich
- ☐ sicher
- ☒ selbstverständlich
- ☐ offensichtlich

d) Sie sehen es als ihr Hobby, Falken zu dressieren.
- ☐ ihre Aufgabe
- ☒ ihr Freizeitvergnügen
- ☐ ihren Beruf
- ☐ ihr Schicksal

## Kompetenzbereich III: Formale Sprachbeherrschung

**Seite 114** **9**

a) Fahrräder müssen zwei funktionstüchtige Bremsen haben.
(Akkusativobjekt)
b) An regnerischen Tagen ist das Fahrradfahren besonders gefährlich.
(adverbiale Bestimmung der Zeit)
c) Wanderfalken haben früher bei der Jagd geholfen.
(Subjekt)
d) Viele eingelieferte Wanderfalken sind an den Flügeln verletzt.
(Prädikat)
e) Die Ärzte helfen den verletzten Tieren.
(Dativobjekt)

**Seite 114** **10**

a) Weil ein dressierter Wanderfalke sehr teuer ist, können ihn sich nur reiche Leute leisten.
b) Die Falken, die in die Klinik eingeliefert werden, sind oft lebensgefährlich verletzt.
c) Nachdem der Falke fünfmal operiert wurde, ist seine Gesundheit wiederhergestellt.
d) Die Besitzer der Falken sind froh, wenn sie ihr Tier gesund wiederbekommen.

**Seite 114** **11**

a) in
- ☐ Prädikat
- ☐ Zahlwort
- ☒ Präposition
- ☐ Nomen

b) ihre
- ☐ unbestimmter Artikel
- ☐ Personalpronomen
- ☒ Possessivpronomen
- ☐ Plural

c) oft
- ☒ Adverb
- ☐ Subjekt
- ☐ Singular
- ☐ Pronomen

d) echte
- ☐ Deklination
- ☐ Komparativ
- ☒ Adjektiv
- ☐ Verb

## Kompetenzbereich IV: Rechtschreibung und Zeichensetzung

**Seite 115** **12**

| | |
|---|---|
| Der Wanderfalke ist der größte Vertreter | |
| in der familie der Falken. Er ist fast auf | *Familie* |
| der ganzen Welt ferbreitet. Er gehörte zu | *verbreitet* |
| den vom Aussterben bedroten Arten. | *bedrohten* |
| Mitlerweile hat sich der Bestand aber wieder | *Mittlerweile* |
| erholt. Man erkennt ihn im Flug an den langen, | |
| spitzen Flügeln und dem kurzen Schwantz. | *Schwanz* |

**Seite 115** **13**

Unter Falknerei versteht man da**s** Abrichten von Falken für die Jagd. Man nennt die Falknerei auch „Beizjagd“. Beizen kommt von bei**ß**en. Der Falke tötet seine Beute mit einem Bi**ss** in da**s** Genick. Falken la**ss**en sich nur schwer zähmen, man braucht dazu viel Geduld.

**Seite 115** **14**

Wenn der Wanderfalke eine Beute entdeckt hat**,** stößt er im Sturzflug nach unten**.** Neben Feldmäusen erjagt er kleine Vögel**,** Reptilien und große Insekten**.** Wer Falken halten will**,** muss viel über diese Tiere wissen.

# Das Adverb (Umstandswort)

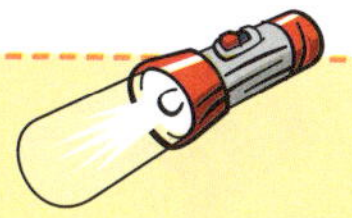

Manchmal ist es notwendig, **einen Sachverhalt näher zu erläutern**, indem man angibt, wo etwas passiert, wann es passiert, wie und warum es passiert.
Bestimmte Wörter geben eine Auskunft auf diese Fragen, z. B.: dort, hier, jetzt, später, immer, nie, vielleicht, gern, nur, darum, folglich, deswegen.
Diese Wörter nennt man **Adverbien** (Singular: Adverb).

Adverbien sind unflektierbar, das heißt, dass sie im Satzzusammenhang ihre Form nicht verändern.
SB **S. 200 f.**

**1** Unterstreiche in dem folgenden Postkartengruß die Adverbien und ordne sie in die unten stehende Tabelle ein.

*Liebe Marie,*

*viele Grüße aus den Bergen. Hier ist es wunderschön. Wenn ich morgens aus dem Fenster meines Zimmers sehe, glaube ich immer zu träumen, so schön ist der Blick auf den Bergsee. Vielleicht fahren wir heute dorthin, um in dem See zu baden. Wir sind deshalb früh aufgestanden. Hoffentlich ist das Wasser nicht zu kalt. Bald wer-den die Ferien vorbei sein. Dann freue ich mich aber, Dir meine Urlaubserlebnisse zu erzählen.*

*Deine Inga*

Marie Meyer
Maiglöckchenallee 4a
81679 München
Deutschland

| Adverbien der Zeit | Adverbien des Ortes | Adverbien des Grundes | Adverbien der Art und Weise |
|---|---|---|---|
| | | | |

# Satzarten und Sprechabsicht

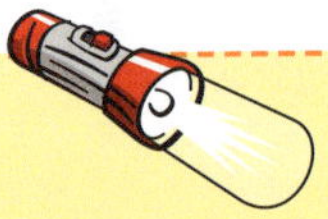

Wenn du etwas sagst, willst du etwas Bestimmtes erreichen. Du hast eine bestimmte **Sprechabsicht**. So kannst du zum Beispiel **etwas mitteilen, zu etwas auffordern** oder **etwas fragen**. Dementsprechend unterscheidet man drei **Satzarten**:

- **den Aussagesatz**, der durch einen Punkt abgeschlossen wird; das Satzglied, das aus einem Verb gebildet wird (Prädikat), steht an der zweiten Stelle.
- **den Aufforderungssatz**, der durch ein Ausrufezeichen abgeschlossen wird; das Satzglied, das aus einem Verb gebildet wird (Prädikat), steht an der ersten Stelle.
- **den Fragesatz**, der durch ein Fragezeichen abgeschlossen wird.
  Bei den Fragesätzen unterscheidet man noch:
  a) **die Entscheidungsfrage:** Das Satzglied, das aus einem Verb gebildet wird (Prädikat), steht am Anfang. Es handelt sich also um einen Verb*erst*satz. Die Antwort auf eine Entscheidungsfrage kann lauten: Ja. Nein. Vielleicht. Ich weiß nicht.
  b) **die Ergänzungsfrage:** Der Fragesatz beginnt mit einem W-Fragewort. Anschließend folgt das Satzglied, das aus einem Verb gebildet wird (Prädikat).

SB **S. 54 f.**

**1** Setze wie in dem Beispiel in den folgenden Sätzen die entsprechenden Satzzeichen und benenne die Satzarten, indem du die richtige Kennzeichnung hinter den Satz schreibst.

**Auf dem Sportplatz**

**a)** Spiel den Ball doch endlich ab!

(*Aufforderungssatz* ________)

**b)** Wann endet die erste Halbzeit

(________________)

**c)** Bernd läuft heute wie eine lahme Ente (________________)

**d)** Joggst du nach dem Spiel noch eine Runde mit mir durch den Wald

(________________)

**e)** Dribbel doch nicht so viel (________________)

**f)** Der Schiri hat schon wieder nichts mitbekommen (________________)

**g)** Bring mir bitte eine Bratwurst mit (________________)

**h)** Gleich beginnt die zweite Halbzeit (________________)

**i)** Hast du den Traumpass gesehen (________________)

**j)** Pfeif doch endlich ab, Schiri (________________)

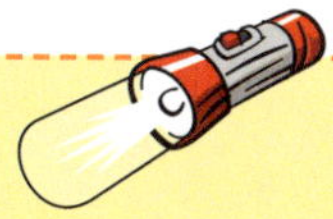

**Satzart und Sprechabsicht** stimmen nicht immer überein. So kannst du zum Beispiel mit einem **Fragesatz** oder mit einem **Aussagesatz** jemanden zu etwas **auffordern**. In diesem Fall spricht man auch von **indirekten Aufforderungen**.
Werden diese Sätze mit Nachdruck gesprochen, steht ein Ausrufezeichen dahinter, ansonsten wird das zur Satzart passende Schlusszeichen gesetzt.

Du musst dich jetzt aber beeilen! = indirekte Aufforderung
Satzart: Aussagesatz
Sprechabsicht: Aufforderung
Beeil dich! = direkte Aufforderung
SB **S. 56**

**2** Setze in den folgenden Sätzen die Satzzeichen und benenne die Satzarten.
Schreibe dann die indirekten und versteckten Aufforderungen zu direkten Aufforderungen um.

Beispiel: (In der Schule:) Könnt ihr bitte eure Hausaufgaben herausnehmen*?*
Satzart: *Fragesatz (Entscheidungsfrage)*
Direkte Aufforderung: *Nehmt eure Hausaufgaben heraus!*

**a)** (Zu Hause am Abend:) Dein Bett wartet auf dich

Satzart: ______________________________

Direkte Aufforderung: ______________________________

**b)** (Am Telefon:) Du kommst sofort nach Hause

Satzart: ______________________________

Direkte Aufforderung: ______________________________

**c)** (Am Mittagstisch:) Musst du immer so kleckern

Satzart: ______________________________

Direkte Aufforderung: ______________________________

**d)** (In der Turnhalle:) Du kannst beim Bocksprung ruhig etwas mehr Anlauf nehmen

Satzart: ______________________________

Direkte Aufforderung: ______________________________

**e)** (Zu Hause, kurz vor dem Kinobesuch:) Wie lange soll ich denn noch auf dich warten

Satzart: ______________________________

Direkte Aufforderung: ______________________________

# Satzproben und Satzglieder

## Die Umstellprobe

Die **Satzglieder** sind die **Bausteine des Satzes**. Ein Satzglied kann aus einem Wort bestehen, es kann aber auch aus mehreren Wörtern bestehen. Du kannst die Satzglieder mithilfe der **Umstellprobe** herausbekommen. Was bei der Umstellung zusammenbleibt, ist ein Satzglied.

(Anke und Micha) (treffen) (am Nachmittag) (vor dem Kino) (ihren Deutschlehrer).
(Ihren Deutschlehrer) (treffen) (Anke und Micha) (am Nachmittag) (vor dem Kino).
(Vor dem Kino) (treffen) (am Nachmittag) (Anke und Micha) (ihren Deutschlehrer).
SB **S. 299 f.**

- Luisa und Berat fuhren an einem schönen Sonntagnachmittag in den nahe gelegenen Tierpark.
- Sie fütterten dort die Ziegen und die kleinen Schafe.
- Luisa biss plötzlich ein Ziegenbock in den kleinen Finger.
- Sie ließ vor Schreck das Futter fallen.
- Der Ziegenbock hatte zum Glück nicht fest zugebissen.
- Die beiden konnten ihren Zoobesuch ungehindert fortsetzen.

**1** Arbeitet in einer Lerngruppe zu dritt zusammen: Jede bzw. jeder übernimmt zwei Sätze und führt die Umstellprobe durch. Versucht dabei, jeden Satz möglichst oft umzustellen. Schreibt den Ausgangssatz und die neu gefundenen Sätze in euer Heft und nummeriert die Sätze.

**2** Klammert wie oben in den Beispielsätzen die Satzglieder ein.

**3** Erstellt gemeinsam eine neue Textfassung, in der die Sätze abwechslungsreicher klingen. Jede bzw. jeder schreibt die neue Fassung in sein Heft.

Welches Satzglied am **Anfang des Satzes** steht, hängt oft davon ab, welchen Teil der Aussage die Sprecherin oder der Sprecher **betonen** will.

Wer fuhr an einem schönen Sonntagnachmittag in den nahe gelegenen Tierpark?
Luisa und Berat fuhren an einem schönen Sonntagnachmittag in den nahe gelegenen Tierpark.

Was ließ Luisa vor Schreck fallen?
Das Futter ließ Luisa vor Schreck fallen.

**4** Formuliert zu den Sätzen, die ihr in Aufgabe 1 gefunden habt, jeweils eine Frage so, dass das erste Satzglied betont wird. Schreibt die Fragen mit der entsprechenden Nummer in euer Heft.

# Die Ersatzprobe

Mit der **Ersatzprobe** kannst du beweisen, dass Satzglieder aus einem Wort oder aus mehreren Wörtern bestehen können. Die Ersatzprobe kann dir außerdem bei der Kennzeichnung der Satzglieder helfen. Alle Teile, die als Ganzes ausgetauscht werden können, bilden nämlich ein Satzglied.

(Marie und Willi) (besuchen) (ihre Großeltern) (am Nachmittag).
(Die Kinder) (besuchen) (Oma und Opa) (heute).
(Sie) (besuchen) (die alten Leute) (um 14.30 Uhr).
SB **S. 301**

**1** Klammere in den beiden folgenden Sätzen die Satzglieder ein.

- Luisa und Berat kaufen eine Tüte Futter für die Ziegen und Schafe.
- Ein Affe stiehlt dem Wärter zwei Bananen.

**2** Versuche, einzelne Satzglieder mithilfe der Ersatzprobe zu ersetzen.
Hier sind einige Möglichkeiten: sie, die Kinder, etwas, ihm, er, das Tier …
Schreibe die neuen Sätze in dein Heft, klammere die Satzglieder ein und schreibe über die einzelnen Wörter die Bezeichnung für die jeweilige Wortart, soweit sie dir bekannt ist.

# Das Subjekt

Das **Subjekt** ist das Satzglied, das über den Täter, den Verursacher eines Geschehens, die handelnde Person oder den Gegenstand eines Satzes informiert.
Das Subjekt antwortet auf die Frage **„Wer oder was …?“**. Es steht immer im **Nominativ** (1. Fall).
Das Subjekt besteht mindestens aus einem Nomen oder Pronomen. Es kann auch aus mehreren Wörtern gebildet werden.

**Der kleine Dackel** schnüffelt an der Wursttüte.
Später versteckt **er** die Tüte in seinem Korb.
SB **S. 302 f.**

**1** Klammere in den folgenden Sätzen die Satzglieder ein. Die Umstellprobe oder die Ersatzprobe helfen dir dabei. Unterstreiche anschließend das Subjekt.
Wenn du Schwierigkeiten hast, das Subjekt zu bestimmen, bearbeite Aufgabe 2 auf S. 64. TIPP

- Lea und Murat bauen einen Drachen.
- Anschließend trägt der Wind den Drachen bis zu den Wolken.

- Plötzlich reißt die Schnur.
- Auf einem Kartoffelacker findet Lea schließlich den Windvogel.
- Das Gestänge ist leider zerbrochen.
- Traurig fahren die Kinder nach Hause.

**2** Formuliere zu jedem der Sätze oben die Frage, mit der du herausfinden kannst, welches Satzglied das Subjekt bildet. Schreibe die jeweilige Frage und die Antwort in dein Heft und unterstreiche anschließend das Subjekt in den Sätzen.

Beispiel: *Wer oder was baut einen Drachen?*
*Lea und Murat*

**3** Schreibe die folgenden Sätze in dein Heft. Klammere die Subjekte ein. Schreibe jeden Satz erneut auf und erweitere dabei die Subjekte durch zusätzliche Angaben. Mithilfe der Ersatzprobe kannst du auch ganz andere Formulierungen, die zum Inhalt passen, einsetzen.

Beispiel: (Klaus Müller) schoss im letzten Spiel zwei Eigentore.
(Der unglücklich spielende Klaus Müller) schoss im letzten Spiel zwei Eigentore.
(Der Kapitän des 1. FC Pech) schoss im letzten Spiel zwei Eigentore.

- Eine Katze sitzt hoch oben im Wipfel eines Baumes.
- Sie miaut so laut, dass Passanten aufmerksam werden. (Achtung: zwei Subjekte!)
- Sofort wird die Feuerwehr gerufen.
- Diese fährt die lange Drehleiter aus.
- Eine Feuerwehrfrau klettert hoch und rettet das verschreckte Tier.
- Die Katze gehört einem kleinen Jungen.
- Glücklich nimmt er sie in Empfang und trägt sie nach Hause.

# Das Prädikat

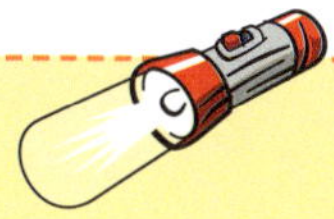

Das **Prädikat** gibt an, was das Subjekt **tut**, was mit ihm **geschieht** oder was es **ist**. Das Prädikat besteht immer aus einem Verb oder einer Verbgruppe.
Die Personalform des Verbs richtet sich in Numerus (Singular und Plural) und Person nach dem Subjekt. Das Prädikat antwortet auf die Frage **„Was tut ...?“**, **„Was geschieht ...?“**.

Die Fußballspieler **wechseln** die Trikots.
Der Ball **wird** ins Aus **gespielt**.
Anke **ist** eine gute Torhüterin.
SB **S. 304 ff.**

**1** Kennzeichne in den folgenden Beispielen die Prädikate durch eine Wellenlinie.

- Nina besucht am Nachmittag ihre Großmutter.
- Auf dem Weg dorthin wird sie von einem Hund gebissen.
- Der Hundebesitzer bringt sie schnell zum Arzt.
- Dort bekommt sie zunächst eine Spritze und anschließend einen Verband.
- Als Strafe erhält der Hund von seinem Besitzer eine Woche Wurstverbot.
- Das lässt Nina jedoch nicht zu.
- Die beiden, Nina und der Hund, freunden sich sogar an.

**2** Drei Prädikate aus Aufgabe 1 bestehen aus zwei Teilen. Man spricht dabei von einer Prädikatsklammer. Verbinde die beiden Teile mit einer Linie.

Beispiel: Der Hund wird von Nina gestreichelt.

**3** Bilde aus den ersten fünf Sätzen in Aufgabe 1 Fragesätze, schreibe sie in dein Heft und kennzeichne alle Prädikate mit einer Wellenlinie.

**4** Forme die folgenden Schlagzeilen aus der Zeitung in vollständige Sätze um und kennzeichne wie in Aufgabe 1 und 2 die Prädikate und die Prädikatsklammern.

- Polizist von Dackel gebissen

___

- Zusammenprall von zwei Autos

___

- Fußgänger in Eisteich eingebrochen

- Dieb mit Regenschirm in die Flucht geschlagen

- Sieg für den VfB Stuttgart in der ersten Runde des DFB-Pokals

**5** Schreibe eine kurze Erklärung auf, warum Schlagzeilen in Zeitungen meistens aus verkürzten Sätzen bestehen.

**6** Im folgenden Gedicht hat der Dichter Paul Maar mit der Sprache gespielt und einiges vertauscht. Unterstreiche zunächst die Subjekte und kennzeichne die Prädikate mit einer Wellenlinie. Schreibe das Gedicht anschließend so auf, wie es im normalen Sprachgebrauch lauten würde.

Paul Maar (geb. 1937)
### Land auf dem Sonntag

Im Scheinensonn
taubt eine Gurr.
Im Schattenhaus
katzt eine Schnurr.

Es hummelt ein Brumm
wie ein Wagenlast.
Sanft schweint ein Grunz
von der Wirtschaftsgast.

Im Weiherdorf
froscht tief der Tauch.
Oben am Dachhaus
schlotet der Rauch.

Ein Pinkel, der hundet
auf Blumenmohn.
Der Schimpf vatert laut
im Zimmerwohn.

Ein Fahrersonntag
wagent den Wende.
Das dauert sehr lange,
drum gedichtet das Ende.

# Die Objekte

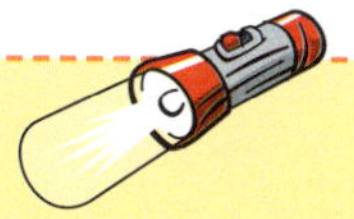

Viele **Prädikate** erfordern im Satz als weiteres Satzglied eine oder mehrere **Ergänzungen**. Diese Ergänzungen nennt man **Objekte**.
Man kann die Objekte durch Fragen ermitteln. Sehr häufig werden verwendet:

- Objekt im 3. Fall – **Dativobjekt: Wem?**
- Objekt im 4. Fall – **Akkusativobjekt: Wen oder was?**

SB **S. 307 ff.**

**1** Unterstreiche im folgenden Text alle Dativ- und Akkusativobjekte und schreibe die richtige Bezeichnung (DO oder AO) darunter.

## Großer Schnauftest

Jeder Mensch hat zwei Nasenlöcher. Bei Schnupfen ist das eine schon mal völlig zu, später vielleicht das andere. Aber ansonsten atmen wir die Luft gleichmäßig durch die beiden Nasenlöcher ein. Stimmt das wirklich? Dazu kannst du ganz leicht einen Versuch machen. Halte zuerst das eine Nasenloch zu und atme mit dem anderen, dann machst du das Ganze umgekehrt. Atmet ihr mit beiden Nasenlöchern gleich leicht oder gibt es Unterschiede? Wiederholt den Versuch nach zwei, vier, sechs und acht Stunden. Dabei wird euch vermutlich Folgendes auffallen: Immer strömt die Luft durch eines der beiden Nasenlöcher leichter. Das andere Nasenloch setzt durch innere Schwellung dem Luftholen mehr Widerstand entgegen. Diese Schwellung wechselt aber alle paar Stunden: Dann kann man wieder das andere Nasenloch besser benutzen.

Wenn dir diese Übung Schwierigkeiten bereitet, dann bearbeite erst die Aufgaben 2 – 4. TIPP

**2** Vervollständige die Sätze, indem du die Objekte ergänzt. Schreibe jeweils hinter das Objekt, ob es sich um ein Dativobjekt (= DO) oder ein Akkusativobjekt (= AO) handelt.

- Pauline schenkt ______________________________
- Klara schenkt ______________________________
- Jana vermisst seit gestern ______________________________

- Michael kennt ____________________
- Maximilian isst gern ____________________
- Katharina malt gerade ____________________
- Aslan schreibt ____________________
- Jana trägt beim Fahrradfahren immer ____________________
- Dackel Alfred bringt ____________________

**3** Schreibe die folgenden Sätze in dein Heft und klammere die Satzglieder ein. Bearbeite nach jedem Satz zusätzlich die Aufgaben 4 und 5. Lass zwischen den Sätzen genügend Platz.

**a)** Lisa besucht ihren kranken Freund Phillip.

**b)** Sie kauft ihm auf der Hinfahrt ein spannendes Buch.

**c)** Phillips Mutter begrüßt Lisa an der Haustür.

**d)** Phillip öffnet sofort die Verpackung des Buches.

**e)** Es gefällt ihm.

**4** Formuliere nach jedem Satz die Satzgliedfragen, mit denen du die Dativ- und Akkusativobjekte herausfinden kannst, und schreibe die Fragen und Antworten auf.

**5** Schreibe unter jedes dir bekannte Satzglied die Rolle, die es im Satz spielt. Verwende dabei folgende Abkürzungen:

S = Subjekt
P = Prädikat
DO = Dativobjekt
AO = Akkusativobjekt

**6** Überprüfe, ob du den Text auf S. 67 aufmerksam gelesen hast, indem du ankreuzt, welche der folgenden Aussagen zutreffen.

☐ Wir atmen ständig gleichmäßig durch beide Nasenlöcher.
☐ Dem Luftholen wird dadurch Widerstand entgegengesetzt, dass die Luft leichter hindurchströmt.
☐ Eine innere Schwellung verhindert, dass die Luft ungehindert durch das Nasenloch strömen kann.
☐ Wenn man Schnupfen hat, sind ständig beide Nasenlöcher verstopft.
☐ Die innere Schwellung wechselt nach ein paar Stunden von einem Nasenloch zu dem anderen.

# Adverbiale Bestimmungen

Mit dem Satzglied **adverbiale Bestimmung** kannst du die **Umstände eines Geschehens** näher kennzeichnen.

Beispiel: Niko macht einen Luftsprung.
Niko macht **auf dem Rasen** einen Luftsprung.
Niko macht **vor Freude auf dem Rasen** einen Luftsprung.
Niko macht **nach seinem Tor vor Freude auf dem Rasen** einen Luftsprung.
Niko macht **nach seinem Tor auf unnachahmliche Weise vor Freude auf dem Rasen** einen Luftsprung.

Die Satzglieder, die zu dem ersten Satz hinzugekommen sind, sind adverbiale Bestimmungen.
Die deutsche Bezeichnung für diese Satzglieder ist **Umstandsbestimmung**.
SB **S. 310 ff.**

**1** Erweitere die folgenden Sätze, indem du adverbiale Bestimmungen hinzufügst. Die Angaben stehen in Klammern dahinter. Schreibe die Sätze neu auf.

- Niko hat ein Fußballspiel. (heute)

______________________________________________

______________________________________________

- Er muss seine Hausaufgabe erledigen. (vorher, sorgfältig)

______________________________________________

______________________________________________

- Der Lehrer hat keine umfangreichen Hausaufgaben gestellt. (für den nächsten Tag, wegen des schönen Wetters)

______________________________________________

______________________________________________

- Niko sucht seine Fußballschuhe. (im Waschkeller, ungeduldig)

______________________________________________

______________________________________________

- Er findet sie nicht und sucht weiter. (dort, lange, im ganzen Haus)

______________________________________________

______________________________________________

- Er entdeckt sie. (schließlich, in der Garage)

- Der Bus fährt ab. (pünktlich, um 15 Uhr)

- Niko läuft zur Bushaltestelle. (blitzschnell)

- Niko hat ihn erreicht. (gerade noch rechtzeitig, völlig außer Atem)

- Er lässt sich in den Sitz fallen. (erleichtert)

Wie die anderen Satzglieder auch kannst du die **adverbialen Bestimmungen mit Fragen ermitteln**. Anhand dieser Fragen (erste Spalte) unterscheidet man unter anderem die folgenden adverbialen Bestimmungen (zweite Spalte). In der dritten Spalte stehen die lateinischen Bezeichnungen.

| Frage | adverbiale Bestimmung/ Umstandsbestimmung | lateinische Bezeichnung |
|---|---|---|
| Wann? Wie lange? Wie oft? | der Zeit | Temporaladverbiale |
| Wo? Wohin? Woher? | des Ortes | Lokaladverbiale |
| Warum? Weshalb? | des Grundes | Kausaladverbiale |
| Wie? Auf welche Art und Weise? | der Art und Weise | Modaladverbiale |

SB S. 311

## Autounfall nahe Landshut

**Landshut.** Auf der B 15 kam es gestern bei Kumhausen zu einem schweren Autounfall. Ein neunzehnjähriger Fahrer verlor gegen 20 Uhr wegen überhöhter Geschwindigkeit die Kontrolle über sein Fahrzeug. Er prallte in einer unübersichtlichen Kurve mit einem entgegenkommenden Fahrzeug zusammen. Aufgrund der Wucht des Aufpralls wurden beide Fahrzeuge schwer beschädigt. Die beiden Fahrer wurden nur leicht verletzt und konnten nach kurzer Zeit aus der Klinik entlassen werden.

**2** Die unterstrichenen Satzglieder sind adverbiale Bestimmungen. Trage sie in die entsprechende Spalte der Tabelle ein. In Klammern ist angegeben, wie oft die jeweiligen adverbialen Bestimmungen vorkommen.

| adverbiale Bestimmung der Zeit/Temporaladverbiale (3) |
| --- |
| |
| |
| |

| adverbiale Bestimmung des Ortes/Lokaladverbiale (4) |
| --- |
| |
| |
| |
| |

| adverbiale Bestimmung des Grundes/Kausaladverbiale (2) |
| --- |
| |
| |

| adverbiale Bestimmung der Art und Weise/Modaladverbiale (2) |
| --- |
| |
| |

# Rechtschreibung

## Richtig zu schreiben kann man lernen

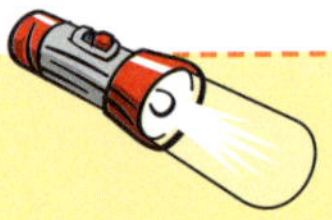

Die folgenden Tipps können dir bei der Rechtschreibung helfen, wenn du unsicher bist. Natürlich funktionieren nicht alle Tipps bei jedem Wort.

1. Höre genau zu und sprich einzelne Wörter deutlich aus.
2. Versuche, die Schreibweise zu erklären, indem du Wörter verlängerst oder Wortverwandte suchst.
3. Sieh genau hin und präge dir die Schreibweise schwieriger Wörter ein.
4. Arbeite im Zweifelsfall immer mit einem Wörterbuch.
5. Manchmal ist es bei der Rechtschreibung hilfreich, wenn du dich an das erinnerst, was du zur Grammatik weißt.

SB S. 118

## Tipp 1 Genau zuhören und deutlich sprechen

**1** Bilde aus der folgenden Liste Wortpaare und trage sie in die Tabelle ein. Sprich die einzelnen Wörter zuvor deutlich aus. Welche betonten Vokale werden lang ausgesprochen, welche kurz?

der Kamm • offen • die Qualle • der Ofen • das Lamm • die Speere • der Sohn • beten • der Damm • er kam • die Qual • die Betten • die Dame • lahm • die Sperre • die Sonne

| lang ausgesprochener Vokal | kurz ausgesprochener Vokal |
|---|---|
| *er kam* | *der Kamm* |
| | |
| | |
| | |
| | |
| | |
| | |
| | |

## Tipp 2 Die Schreibweise durch Verlängern und Ableiten erklären

**1** Schreibe zu den Wörtern jeweils eine Verlängerung auf. Ergänze dann die fehlenden Buchstaben am Wortende.

der Wal *d* – die *Wälder*
der Schran ___ – die ___
das Lan ___ – die ___
das Ba ___ – die ___
das Sie ___ – die ___
der Ber ___ – die ___
der Spu ___ – spu___en

der Gan ___ – die ___
der Or ___ – die ___
der Ta ___ – die ___
das Ra ___ – die ___
der Zwer ___ – die ___
die Ban ___ – die ___
die Ja ___ d – ja___en

**2** Wenn du dir nicht sicher bist, wie die Personalform eines Verbs geschrieben wird, hilft es dir manchmal, wenn du den Infinitiv bildest. Schreibe die fehlenden Ausdrücke in die Tabelle.

| Infinitiv | 3. Person Singular Präsens |
|---|---|
| | er, sie, es lobt |
| leben | |
| | er, sie, es liebt |
| lesen | |
| | er, sie, es hupt |
| graben | |
| | er, sie, es rast |
| hinken | |

**3** Adjektive kannst du steigern, wenn du heraushören willst, wie sie am Wortende geschrieben werden. Trage die fehlenden Buchstaben ein.

freundli ___ – freundlicher
winzi ___ – winzi ___ er
wei ___ – wei ___ er

geizi ___ – geizi ___ er
reichli ___ – reichli ___ er
run ___ – run ___ er

**4** Suche zu folgenden Wörtern passende Wortverwandte, an denen du die Schreibweise erkennen kannst. Zeichne die entsprechenden Laute farbig nach.

Beispiel: Mäuse: *Maus, mausen, Mauseloch*

wärmen: ______________________________

erklären: ______________________________

Ärmel: ______________________________

träumen: ______________________________

Gebäude: ______________________________

gläubig: ______________________________

**5** Trage in den folgenden Witz die passenden Buchstaben ein. Verlängere jeweils das Wort oder suche nach Wortverwandten.

## Die Rechenaufgabe

Im Supermark___ steht vor der Kasse eine en___lose Schlange. Die Verk___ferin an der Registrierkasse schwitz___ Blu___ und Wasser, der kleine Theo stapel___ Artikel über Artikel vor ihr auf. En___lich ist der Einkaufswagen leer, und die Verk___ferin lie___t die En___summe vom meterlangen Kassenbon ab. Da mein___ der Kleine unschuldi___: „So, nun können Sie alles wieder einr___men, ich brauche die Summe bloß für eine Rechenaufgabe. Meine Note in Mathemati___ soll nicht wieder so schlech___ sein wie auf dem letzten Zeugnis."

## Tipp 3 Genau hinsehen und sich die Schreibweise schwieriger Wörter einprägen

**1** Mit dieser Übung trainierst du das genaue Hinsehen. Schau dir die folgenden Wörter an und schreibe daneben, welches weitere Wort oder welche weiteren Wörter sie jeweils enthalten. Achte auf die Groß- und Kleinschreibung.

Beispiel: Traum: *Raum, um*

Wort: ____________________ welche: ____________________

schwierig: ____________________ er glaubt: ____________________

gerade: ____________________ erstaunlich: ____________________

**2** Nicht alle Wörter mit **ä** und **äu** kannst du ableiten, um herauszufinden, wie sie geschrieben werden. Es sind Merkwörter und du musst sie dir gut einprägen. Schreibe alle Wörter mit ä und **äu** aus dem Buchstabenquadrat heraus. Waagerecht und senkrecht sind es jeweils fünf.

waagerecht:

______________________________

______________________________

______________________________

______________________________

senkrecht:

______________________________

______________________________

______________________________

______________________________

| | | | | | | | | | | |
|---|---|---|---|---|---|---|---|---|---|---|
| S | B | V | S | C | H | R | Ä | G | M | N |
| Ä | C | A | Y | S | Z | B | E | K | L | B |
| G | D | B | X | Ä | C | D | G | D | O | Ä |
| E | E | W | T | U | S | R | Q | C | R | R |
| N | F | Ä | V | L | C | D | E | F | G | H |
| G | H | R | W | E | B | A | Z | X | Y | Ä |
| K | L | T | K | N | Ä | U | E | L | X | H |
| M | N | S | Q | R | S | T | U | V | W | R |
| V | O | R | W | Ä | R | T | S | K | L | E |
| O | R | Ü | C | K | W | Ä | R | T | S | P |
| G | E | L | Ä | N | D | E | R | M | N | O |

**3** Gut einprägen musst du dir auch Wörter, die mit dem Doppellaut **ai** geschrieben werden. Schreibe die folgenden Wörter in dein Heft und zeichne mit einem farbigen Stift den Doppellaut nach. Schreibe jeweils stichwortartig daneben, was das Wort bedeutet. Wenn du dir nicht sicher bist, schau im Lexikon nach.

Beispiel: Hai: Raubfisch

Hai • Brotlaib • Kaiser • laichen • Mai • Main • Mais • Saite • Taifun • Waise • Mailand

**4** Schreibe eine lustige Unsinnsgeschichte auf, in der möglichst viele dieser Wörter vorkommen.

Tipp 4

# Mit dem Wörterbuch arbeiten

**1** Wenn du mit einem Wörterbuch arbeiten willst, musst du dich im Alphabet auskennen. Welche vier Buchstaben fehlen hier? Schreibe sie darunter.

A B D E F G I J K L M N P Q R S T U W X Y Z

Es fehlen: ___, ___, ___, ___

**2** Welcher Buchstabe steht im Alphabet jeweils zwischen den beiden Buchstaben?

B ___ D    E ___ G    J ___ L    O ___ Q    T ___ V

**3** Welche beiden Buchstaben stehen im Alphabet jeweils hinter diesen Buchstaben?

D ___ ___    G ___ ___    L ___ ___    O ___ ___    U ___ ___

**4** Ordne die folgenden Wörterlisten jeweils in alphabetischer Reihenfolge.

- Westen, Süden, Norden, Osten

___

- Winter, Frühling, Sommer, Herbst

___

- Geschichte, Deutsch, Sport, Englisch

___

**5** Fangen mehrere Wörter mit dem gleichen Buchstaben an, so musst du sie nach dem zweiten oder dritten usw. Buchstaben anordnen. Versuche es. Die Buchstaben, auf die du achten musst, sind jeweils fett gedruckt.

- **Ta**statur, **Tu**be, **To**n, **Ti**efsee

___

- **Wei**hnachten, **Wes**tfalen, **Wel**t, **Wer**k

___

- **Span**nung, **Spo**rt, **Spaß**, **Spi**el

___

**6** Die Wörter sind im Wörterbuch immer nur in einer bestimmten Form angeführt.
Bei Verben musst du nach dem Infinitiv (Grundform) suchen, bei Nomen nach der Singularform (Einzahl) und bei Adjektiven nach der Grundstufe.
Schreibe hinter die Wörter jeweils die Form, nach der du im Wörterbuch suchen musst.
Beispiel: Häuser – *Haus*

| | | | |
|---|---|---|---|
| er liest: | *l* | kälter: | *k* |
| am größten: | | sie verreist: | |
| Gärten: | | Läuse: | |
| ihr gießt: | | sie schwimmt: | |

**7** Jetzt kannst du beweisen, dass du dich im Wörterbuch zurechtfindest. Welche Schreibweise ist jeweils richtig? Schau in einem Wörterbuch nach und streiche die falsche durch.

- Theater – Teather
- Geige – Gaige
- Farstunde – Fahrstunde
- Geheimnis – Geheimniss
- meißtens – meistens
- Jagd – Jagt
- niesen – nießen
- Physik – Physick
- vorraus – voraus
- herab steigen – herabsteigen
- Margarine – Margariene

## Tipp 5 Auf die Grammatik achten

**1** Für die Rechtschreibung ist es wichtig, dass du die Wortarten unterscheiden kannst.
Du weißt bestimmt noch, dass Nomen großgeschrieben werden und andere Wortarten wie Adjektive, Verben, Pronomen usw. in der Regel klein.
Trage die Wörter aus der Schlange in der richtigen Schreibweise in die Tabelle ein.
Setze vor die Nomen den passenden Artikel.

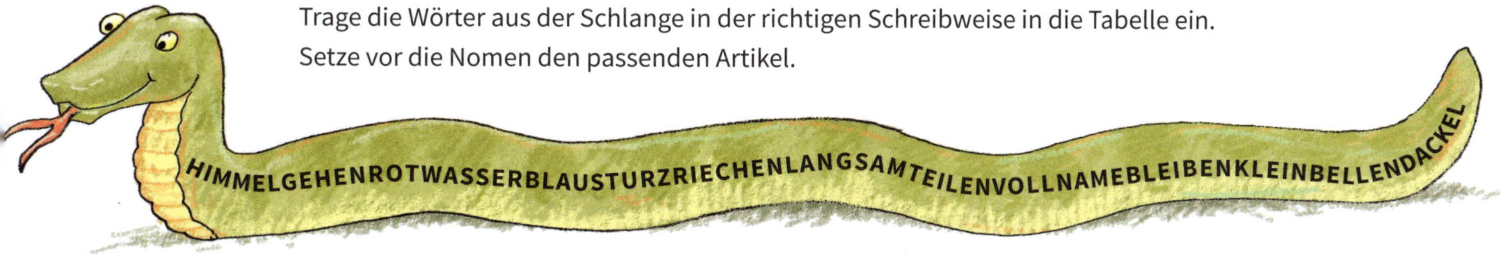


| Nomen | Verben | Adjektive |
|---|---|---|
| | | |
| | | |
| | | |
| | | |
| | | |

**2** Nomen kannst du manchmal an den Endbausteinen erkennen. Wörter, die auf *-ung, -heit, -keit, -nis, -tum* und *-schaft* enden, sind Nomen. Bilde aus den folgenden Wörtern Nomen mit einer dieser Endungen und schreibe sie mit dem passenden Artikel in die Tabelle.

heiter • herrschen • hindern • umleiten • frech • wachsen • gefangen • tapfer • umgeben • zeichnen • brauchen • Freund • erleben • reich • Graf • einsam • gesund

| -ung | -heit | -keit |
|---|---|---|
| | | |
| | | |
| | | |
| | | |
| | | |

| -nis | -tum | -schaft |
|---|---|---|
| | | |
| | | |
| | | |
| | | |
| | | |

**3** TIPP Die Grammatik hilft dir auch bei der Schreibweise von *das* und *dass*. Wenn es sich bei dem Wort um einen Artikel oder ein Pronomen handelt, schreibt man es mit einfachem **s**. In diesem Fall kannst du *dieses, jenes* oder *welches* ersetzen. Arbeite bei den folgenden Sätzen wie in dem Beispiel mit diesem Tipp.

Beispiel: Das Fahrrad gehört mir. – *Dieses Fahrrad gehört mir.*

- Wasser, das zu lange kocht, verdunstet. – ______________________

- Ich esse das nicht gern. – ______________________

- Ein Auto, das kein Benzin hat, fährt nicht. – ______________________

- Wegen des schlechten Wetters fällt das Spiel aus. – ______________________________

______________________________________________

**4** Wenn du *dieses, welches* oder *jenes* nicht einsetzen kannst, handelt es sich um eine **Konjunktion** (Bindewort), die mit **ss** geschrieben wird und einen Nebensatz einleitet. Ergänze die folgenden Sätze. Achte auf die richtige Schreibweise der Konjunktion.

- Erinnere dich daran, dass ______________________________

  ______________________________________________

- Mir fällt gerade ein, ______________________________

  ______________________________________________

- Maike achtet darauf, ______________________________

  ______________________________________________

- Leon hat nicht daran gedacht, ______________________________

  ______________________________________________

- Vergiss nicht, ______________________________

  ______________________________________________

**5** Hier kannst du die Rechtschreibtipps noch einmal üben. Setze die fehlenden Buchstaben in den folgenden Text ein.

## Wie gut hören Hunde? (Tipp 5)

Wir wundern uns manchmal darüber, da___ (Tipp ___) der in seinem Kör___chen (Tipp ___) schlummernde ___ierbeiner (Tipp ___) plötzlich die Ohren spitzt und seinen Kopf zur Wohnungstür richtet, noch be___or (Tipp___ und Tipp___) die Klingel ertönt oder jemand hereinkommt. Da___ (Tipp ___) ist gar nicht verwunderli___ (Tipp ___). Der Hund hat nämlich schon einige Zeit vor uns das Geräusch wahrgenommen.

Hunde lernen schnell, für sie wichtige oder intere___ante (Tipp ___ und Tipp ___) Geräusche von nebens___chlichen (Tipp ___) zu unterscheiden. Für sie ist da___ (Tipp ___) kein Pro___lem (Tipp ___ und Tipp ___). Laute Musik aus dem Radio oder anderen Lärm em___inden (Tipp ___ und Tipp ___) sie zwar als stören___ (Tipp___), aber sie reagieren kaum darauf. Ein ungewohntes Geräusch in ihrer unmittelbaren ___mgebung (Tipp ___) erweckt hingegen sofort ihre ___ufmerksamkeit (Tipp ___). Ein Mensch mit gutem ___ehör (Tipp ___) vernimmt das Ticken einer Armban___uhr (Tipp ___) manchmal noch in einer Entfernung von drei Metern, der Hund jedoch bis zu 25 Metern. Im Vergleich zu ___eruch (Tipp ___) und ___ehör ist das Sehvermögen weniger ___ut (Tipp ___) entwickelt.

# Konsonanten nach kurz gesprochenen, betonten Vokalen

## Verdoppelung von Konsonanten

Wenn du nach einem kurz gesprochenen, betonten Vokal nur einen Konsonanten hörst, wird dieser meistens verdoppelt.
Beispiel: Ta**nn**e, wo**ll**en, stu**mm**

Nicht verdoppelt werden die Konsonanten *k* und *z*. Man schreibt stattdessen *ck* und *tz*.
Beispiel: Spi**tz**e, E**ck**e

Ändert sich die Form des Wortes, bleibt die Konsonantenverdoppelung.
Beispiel: Hi**mm**el – hi**mm**lisch    ko**mm**en – sie ko**mm**t, De**ck**e – bede**ck**t, si**tz**en – der Si**tz**platz

SB **S. 360 ff.**

**1** Der folgende Text ist ein Ausschnitt aus dem Buch „Die Konferenz der Tiere“ von Erich Kästner, dessen Beginn du schon in dem Kapitel „Kleines Lesetraining“ kennengelernt hast (siehe S. 4). Die Tiere machen sich auf den Weg zu ihrer Konferenz, die im „Hochhaus der Tiere“ stattfindet. Der letzte Satz ist unvollständig. Schreibe auf, wie der Satz weitergehen könnte. Die Abbildung auf S. 81 hilft dir weiter.

In den Häfen am Meer ging es nicht weniger lebhaft zu. Die Tiere, die nicht schwimmen konnten, gingen an Bord moderner Schnelldampfer. Es lagen aber auch große Walfische am Pier[1] und sperrten ihre riesigen Mäuler auf. Sie hatten sich freiwillig für den Transport der Konferenzteilnehmer zur Verfügung gestellt, und wer den Schiffsmotoren nicht traute, brauchte nur über die Laufplanke in einen der Walfische hineinzuspazieren. „Schiffe gehen zuweilen unter“, sagte der Hase zum Fuchs. „Aber dass ein Walfisch untergegangen ist, habe ich noch nie gehört.“ – Damit hoppelte er über die Planke in den aufgesperrten Rachen des Ungeheuers. Schließlich war alles an Bord. Die Schiffssirenen heulten auf. Die Walfische klappten ihre Mäuler zu. Wasserfontänen spritzten hoch, und die Flottilie[2] setzte sich in Bewegung. Die Verwandten am Ufer winkten. Die Delegierten[3] an der Schiffsreling[4] winkten zurück. Nur die Abgeordneten im Bauch der Walfische – die winkten nicht. Weil Walfische […].

**2** Schreibe aus dem Text alle Wörter mit einem doppelten Konsonanten (dazu soll hier auch das *tz* und das *ck* gehören) nach kurzem betonten Vokal heraus. Zeichne den Doppelkonsonanten farbig nach und setze einen Punkt unter den kurz gesprochenen Vokal. Wörter, die mehrmals vorkommen, brauchst du nur einmal aufzuschreiben.

**3** Die Buchstaben der folgenden Wörter sind durcheinandergeraten. Stelle die richtige Reihenfolge wieder her. Bilde zu den Nomen jeweils die Pluralform und zu den Verben die 3. Person Singular Präsens.

- aetLt *Latte* – *die Latten*
- laenlf ______ – er, sie, es ______
- amreKm ______ – ______
- bllrenü ______ – ______
- ipepwn ______ – ______
- amHrem ______ – ______
- renbenn ______ – ______
- umesmn ______ – ______
- tmSam ______ – ______
- Lpepi ______ – ______
- allB ______ – ______
- mmNure ______ – ______
- aTess ______ – ______

[1] **Pier:** Anlegestelle in einem Hafen
[2] **Flottilie:** eine kleine Gruppe von Schiffen; Verkleinerungsform zu *Flotte*
[3] **Delegierte:** Abgeordnete – jede Tierart schickt eine Abgeordnete bzw. einen Abgeordneten zu der Konferenz der Tiere.
[4] **Reling:** das Geländer an Bord eines Schiffes

**4** Suche zu jedem Wort möglichst viele Reimwörter und schreibe sie in dein Heft. Schaffst du es, mit einigen der Reimwörter ein lustiges Gedicht zu verfassen?

**5** Trage in die folgenden Gedichte die fehlenden Buchstaben ein.

Günter Ullmann (1946 – 2009)

### Bevor ich meine Eltern ins Be___chen scha___e …

… mu___ ich sie schru___en,
aus- und anziehn wie Pu___en.
Meine Mu___er fü___ern
und mit Vater gewi___ern.
A___e Pferdchen stallen
und mit Luftba___ons kna___en.
Indianer spielen und singen,
Milch und Äpfelchen bringen.
Vater huckepack tragen,
Mu___er Märchen aufsagen.

Bruno Horst Bull (geb. 1933)

### Ko___ in mein Haus

Ko___ in mein Haus,
ko___ in mein kleines Haus.
Die Fenster stehn o___en,
die Türe ist auf,
da schauen wir beide
von dri___en heraus.

## Verschiedene Konsonanten nach kurz gesprochenem, betontem Vokal

Wenn du nach einem kurz gesprochenen, betonten Vokal zwei oder mehr verschiedene Konsonanten hörst, wird meistens keiner verdoppelt.

Beispiel: Wa**ld**, Ki**nd**er, ru**tsch**en, ba**ld**

SB S. 366

**1** Schreibe aus der Wortschlange alle Wörter heraus. Suche anschließend möglichst viele verwandte Wörter aus der jeweiligen Wortfamilie und schreibe sie in dein Heft.

**2** Welche Vokale fehlen in den folgenden Kästchen? Trage die passenden ein, sodass sich jeweils ein Wort waagerecht und ein Wort senkrecht ergeben. Bei zwei Beispielen gibt es zwei Lösungen.

| | | | |
|---|---|---|---|
| | B | | |
| W | | N | D |
| | N | | |
| | D | | |

| | | | |
|---|---|---|---|
| | K | | |
| R | | N | D |
| | N | | |
| | D | | |

| | | | |
|---|---|---|---|
| | G | | |
| W | | L | T |
| | L | | |
| | D | | |

| | | | |
|---|---|---|---|
| | R | | |
| H | | N | D |
| | N | | |
| | D | | |

**3** Welche Wörter fehlen in den folgenden Redensarten? Trage sie ein.

**a)** Den Kopf in den ______________________ stecken wollen

**b)** Mit dem Kopf durch die ______________________ wollen

**c)** Wie ______________________ und Katze sein

**d)** Den ______________________ vor lauter Bäumen nicht sehen

Falls du eine Redensart nicht kennst, findest du hier die Lösungswörter, allerdings in ungeordneter Reihenfolge und rückwärts geschrieben: **TIPP**

dnuH • dnaS • dlaW • dnaW

**4** Ordne die Bedeutungen den Redensarten zu, indem du den entsprechenden Buchstaben hinter die Erklärung schreibst.

- Etwas unbedingt tun wollen, ohne auf mögliche Nachteile zu achten ☐
- Das Naheliegende, Offensichtliche nicht sehen ☐
- Sich häufig streiten ☐
- Etwas bewusst nicht wahrhaben wollen ☐

## Die Laute k und z nach kurz gesprochenem, betontem Vokal

Die Laute **k** und **z** werden in deutschen Wörtern nicht verdoppelt. Nach kurzem, betontem Vokal schreibt man fast immer **ck** und **tz**.

Beispiel: wạ**ck**eln, Bạ̈**ck**er, Tạ**tz**e

SB S. 364

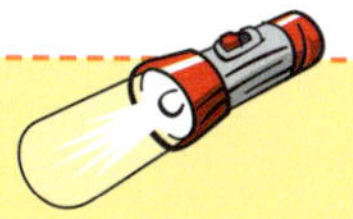

**1** Trage in das Rätsel auf der folgenden Seite die gesuchten Wörter ein. Die Buchstaben in den rot umrandeten Kästchen ergeben von oben nach unten gelesen das Lösungswort.

| | | | | | | |
|---|---|---|---|---|---|---|
| wird morgens als unangenehm empfunden | | | C | K | | |
| damit wird das olympische Feuer entzündet | | | C | K | | |
| für Brot und Kuchen zuständig | | | C | K | | |
| nicht rund | | | C | K | | |
| helfen gegen kalte Füße | | | C | K | | |
| kriegt er einen Kratzer, gibt es Ärger | | | C | K | | |
| Bezeichnung für eine weibliche Ziege | | | C | K | | |
| vor dem Urlaub zu tun | | | C | K | | |
| mit angezogenen Knien hinkauern | | | C | K | | |
| zustimmende Kopfbewegung | | | C | K | | |

Lösungswort: ______________________________

**2** Schaffst du es, eine Geschichte aufzuschreiben, in der alle Wörter des Rätsels vorkommen? Versuche es.

**3** Schreibe die Wörter aus der Wortschlange untereinander auf und versuche, zu den Wörtern möglichst viele Reimwörter zu finden.

1 *Mütze* – *Stütze, Pfütze*

2 ______________ – ______________________________

3 ______________ – ______________________________

4 ______________ – ______________________________

5 ______________ – ______________________________

6 ______________ – ______________________________

7 ______________ – ______________________________

8 ______________ – ______________________________

# Die Laute k und z nach l, m, n, r

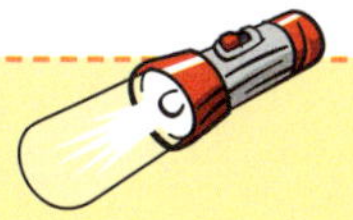

Diese Regel kannst du dir leicht merken:

Nach l, m, n, r, das merke ja, steht nie tz und nie ck.

Beispiel: win**z**ig, tan**z**en, Ran**k**e, sich bedan**k**en

SB S. 365

**1** Setze die fehlenden Buchstaben in die Wörter ein.

| | | | | | |
|---|---|---|---|---|---|
| Pel__ | tan__en | Nel__e | sich zan__en | stol__ | Len__er |
| Ar__t | Stur__ | En__el | Plan__e | kur__ | flin__ |
| Lan__e | grun__en | gan__ | ran__ig | zwan__ig | Hol__ |
| wür__ig | Ner__ | Fal__e | den__en | Win__el | mel__en |
| Schmer__ | Ker__e | Mär__ | Wal__er | Im__er | |

**2** Versuche, aus den Wörtern aus Übung 1 eine möglichst lange Schlange zu bilden. Der letzte Buchstabe des vorangegangenen Wortes wird als Anfangsbuchstabe des folgenden Wortes wiederholt (z. B.: LENKERRANZIG …).

**3** Bilde zu den Infinitiven in der Tabelle jeweils die 1. Person Singular Präsens und Präteritum.

| Infinitiv | 1. Person Singular Präsens | 1. Person Singular Präteritum |
|---|---|---|
| tanzen | *ich tanze* | *ich tanzte* |
| danken | | |
| schminken | | |
| stürzen | | |

**4** Hier kannst du noch einmal üben. Trage die richtigen Buchstaben in die Lücken des Gedichts ein.

### Hans Manz (1931 – 2016)
## Nachrichten aus den Königshäusern

Warum schni___ der Kaiser Grima___en
und stöhnte, als man ihn krönte?
Eine Mü___e saß unter der Krone,
fühlte sich falsch am Pla___e,
konnt' es nicht la___en
und stach den Kaiser
in die Gla___e.

Was tat die Prinze___in auf der Erbse,
als sie auf zwan___ig Matra___en
und zwan___ig Eiderdaunendecken
nicht schlu___erte,
nicht döste,
nicht schlief?
Sie rief, sie rief:
Man so___ mir eine Leiter bri___en,
ich traue mich nicht,
aus dem Be___ zu spri___en!

Wie trin___t eine Königin den Tee?
Sie trinkt ihn aus Porze___an,
weiß wie Schnee,
versteht es, die Hen___el der Tassen
mit spi___en Fingern zu fa___en,
si___t ker___engerade im Throne und
führt den Tee
wu___erbar zierlich zum Mu___.
Mit spi___en Li___en versucht sie,
und we___ sie sich den Mu___ verbre___t,
flucht sie.

Wo si___en die Kaiser,
die Kaiseri___en?
Wo si___t der König,
die Königin?
Wo si___en sie, wo?
Genau wie du und ich:
auf dem Po.

# s-Laute

## Gesummt oder gezischt – stimmhaft oder stimmlos

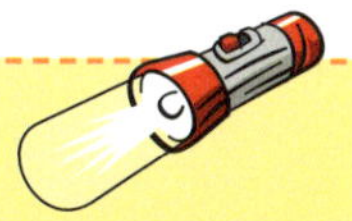

Bei den s-Lauten unterscheidet man den gesummten, **stimmhaften** und den gezischten, **stimmlosen** s-Laut.

- Der **stimmhafte, gesummte s-Laut** wird immer **mit einfachem s** geschrieben.
  Beispiele: Do**s**e, bla**s**en, ro**s**ig
- Der **stimmlose, gezischte s-Laut** kann mit **s**, **ß** oder **ss** geschrieben werden.
  Beispiele: Gra**s**, flie**ß**en, Ta**ss**e

SB **S. 156 ff.**

**1** Sprich die folgenden Wörter deutlich aus. Unterstreiche anschließend alle Wörter, in denen du einen stimmhaften, gesummten s-Laut hörst.

Tasse • Gräser • fließen • Gas • messen • weiß • begossen • Haus • Masse • Straße • blasen • Fuß • Lose • heißen • Schlüssel • liest • reißen • Bremse • lassen • Glas • Gänse • Grüße • passen • Eis • niesen • Kasse • Bläser • groß • Los • Häschen • Klöße

**2** Trage die Wörter aus Aufgabe 1 in die passenden Spalten der folgenden Tabelle ein.

| stimmhaft, gesummt ausgesprochener s-Laut | stimmlos, gezischt ausgesprochener s-Laut | | |
|---|---|---|---|
| s geschrieben | s geschrieben | ß geschrieben | ss geschrieben |
| | | | |
| | | | |
| | | | |
| | | | |
| | | | |
| | | | |
| | | | |
| | | | |
| | | | |

## Der s-Laut nach lang ausgesprochenem Vokal

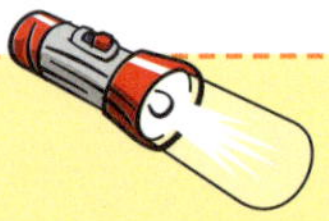

Nach **einem lang ausgesprochenen Vokal** oder nach einem **Doppellaut** (ei, au …) wird der stimmlose s-Laut entweder mit **s** oder **ß** geschrieben.

- Ein einfaches **s** steht, wenn es **verwandte Wörter** mit einem stimmhaften s-Laut gibt.
  Beispiele: L**o**s – l**o**sen; Gr**a**s – Gr**ä**ser
- In den anderen Fällen wird der stimmlose s-Laut mit **ß** geschrieben.
  Beispiele: Fu**ß**, flie**ß**en, hei**ß**

SB **S. 159 ff.**

**1** Suche zu den folgenden Wörtern mehrere verwandte Wörter, in denen du einen stimmhaften s-Laut hörst. Sprich die Wörter deutlich aus.

Gras: ______________________________

er liest: ______________________________

Glas: ______________________________

sie saust: ______________________________

ihr verreist: ______________________________

Preis: ______________________________

sie bewies: ______________________________

er bläst: ______________________________

**2** Schreibe die folgenden Wörter in dein Heft und ordne sie dabei in alphabetischer Reihenfolge. Suche anschließend Wörter heraus, die sich reimen, und bilde lustige Paarreime damit.

> zerreißen • Floß • heiß • groß • fleißig • zerfließen • Klöße • Maße • gießen • Fuß • weiß • genießen • bloß • Straße • dreißig

**3** Welcher Buchstabe fehlt in den folgenden Wörtern, **s** oder **ß**? Trage den richtigen Buchstaben ein. Überlege zuvor, ob es verwandte Wörter gibt, in denen du einen stimmhaften s-Laut hörst. Schreibe jeweils ein Beispiel unter das Wort.

Gru__ Hau__ ich wei__ Ei__ Spa__

er blie__ Ga__ er bei__t ihr le__t Lo__bude

## Der s-Laut nach kurz ausgesprochenem Vokal

Nach einem **kurz ausgesprochenen Vokal** wird der s-Laut in der Regel mit **ss** geschrieben.

Beispiele: Tạ**ss**e, er kụ̈**ss**t, mị**ss**lungen

SB S. 159 ff.

**1** Bilde mithilfe des Wortsterns möglichst viele Wörter, die mit **ss** geschrieben werden.

___________________________

___________________________

___________________________

___________________________

___________________________

___________________________

___________________________

___________________________

___________________________

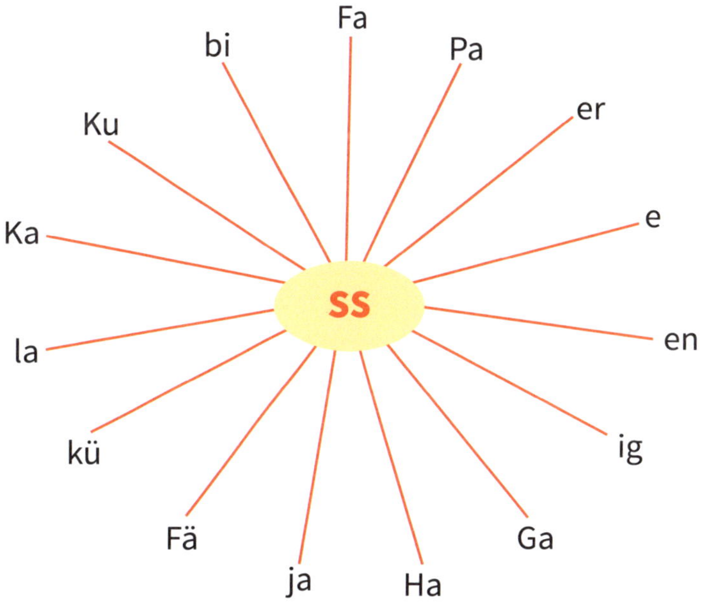


**2** Welche Nomen passen zu den folgenden Verben? Schreibe sie mit dem entsprechenden Artikel auf.

fassen: *das* ___________________ küssen: ___________________

hassen: ___________________ passen: ___________________

kassieren: ___________________ massieren: ___________________

**3** Suche zu den folgenden Wörtern jeweils ein passendes Reimwort, das mit **ss** geschrieben wird.

lassen – ______________ müssen – ______________ Kuss – ______________

wissen – ______________ Tasse – ______________ messen – ______________

**4** Schreibe ein lustiges Gedicht, in dem möglichst viele der gefundenen Reimwörter vorkommen.

## Mal kurz – mal lang

**1** In den folgenden Wörtern fehlt entweder **ss** oder **ß**. Trage die Buchstaben ein. Sprich das jeweilige Wort zuvor deutlich aus.
Zeichne unter den vorausgehenden Vokal einen Punkt, wenn er kurz ausgesprochen wird, und einen Strich, wenn er lang ausgesprochen wird. Denke daran, dass Doppellaute immer lang ausgesprochen werden.

| | | | |
|---|---|---|---|
| sie schie ___ t | das Flu ___ ufer | geri ___ en | der Spa ___ |
| die Ta ___ e | er lä ___ t | er flie ___ t | der Ha ___ |
| die Fü ___ e | das Wei ___ brot | gego ___ en | ein bi ___ chen |
| das Bierfa ___ | der Schlü ___ el | ich hei ___ e | gro ___ |

**2** Bilde mit den Wörtern aus Aufgabe 1 jeweils einen Satz. Schreibe die Sätze in dein Heft.

**3** Manchmal ändert sich die Vokallänge vor dem s-Laut, wenn du verwandte Wörter bildest. Geschrieben wird dann so, wie du es bereits gelernt hast: nach langem Vokal **ß**, nach kurzem Vokal **ss**. Trage in die folgenden Wörter die richtigen Buchstaben ein. Kennzeichne auch hier den lang ausgesprochenen Vokal mit einem Strich und den kurz ausgesprochenen Vokal mit einem Punkt.

| | |
|---|---|
| Fluss: | flie ___ en – geflo ___ en |
| vergessen: | ich verga ___ – verge ___ lich |
| Schluss: | abschlie ___ en – abgeschlo ___ en |
| lassen: | ich lie ___ – gela ___ en |
| Schuss: | sie schie ___ t – sie hat gescho ___ en |
| Biss: | er bei ___ t – bi ___ ig |
| gießen: | ich habe gego ___ en – Gie ___ kanne |

**4** Bilde mit den Wörtern aus Aufgabe 3 jeweils einen Satz oder ein Satzpaar wie in dem Beispiel. Schreibe die Sätze in dein Heft.

Beispiel: *Der Fluss fließt seit der Begradigung viel schneller, früher ist er langsamer geflossen.*

**5** Hier kannst du noch einmal üben. Trage in das folgende Gedicht die fehlenden Buchstaben ein.

### Martin Auer (geb. 1951)
## Über die Erde

Über die Erde
soll___ du barfu___ gehen.
Zieh die Schuhe au___,
Schuhe machen dich blind.
Du kann___ doch den Weg
mit deinen Zehen ___ehen.
Auch das Wa___er
und den Wind.

Sollst mit deinen ___ohlen
die Steine berühren,
mit ganz nackter Haut.
Dann wir___ du bald ___üren,
dass dir die Erde vertraut.

Spür da___ na___e Gra___
unter deinen Fü___en
und den trockenen ___aub.
La___ dir vom Moo___
die ___ohlen ___reicheln und kü___en
und fühl
das Kni___ern im Laub.

Steig hinein,
steig hinein in den Bach
und lauf aufwärt___
dem Wa___er entgegen.
Halt dein Ge___icht
unter den Wa___erfall.
Und dann soll___ du dich
in die ___onne legen.

Leg deine Wange an die Erde,
riech ihren Duft und ___ür,
wie auf___eigt au___ ihr
eine ganz gro___e Ruh'.
Und dann ist die Erde
ganz nah bei dir,
und du wei___t:
Du bi___ ein Teil von allem
und gehör___ dazu.

**6** Schreibe mit deinen Worten auf, wie du den Vers verstehst: „Schuhe machen dich blind." (V. 4)

# Lang ausgesprochene Vokale

## Lang ausgesprochene Vokale – einfach geschrieben

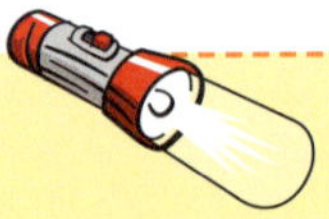

Die meisten Wörter mit einem lang und betont ausgesprochenen Vokal schreibt man mit einfachen Buchstaben.

Beispiel: D**o**se, N**a**shorn, B**e**sen, h**o**len

SB **S. 368 ff.**

**1** Setze die folgenden Silben so zusammen, dass Wörter mit einem lang ausgesprochenen Vokal entstehen. Es soll möglichst keine Silbe übrig bleiben. Unterstreiche anschließend die lang ausgesprochenen Vokale.

-ben • Ho- • näm- • -len • Fe- • ru- • -ge • Schu- • -ben • Ra- • -ne • -te • Va- • lo- • Se- • -ge • tra- • -fen • -le • le- • -gel • -se • Sa- • -lich • ho- • -se • -gen • Hü- • -sen • Ta- • Tö- • -rien • -se • lo-

**2** Ordne die folgenden Wörter in alphabetischer Reihenfolge und diktiere sie anschließend deinem Nachbarn oder deiner Nachbarin.

schwer, nämlich, spät, (ein Bild) malen, Ware, Sage, dämlich, Rose

**3** Welche einfach geschriebenen Buchstaben fehlen in dem folgenden Text? Trage sie ein.

### Die Eroberung des Weltalls

Am 4. Okt __ ber 1957 umkreiste zum ersten M __ l ein Satellit die Erde. W __ rum ist dieses D __ tum s __ wichtig?
An diesem T __ g begann die Er __ berung des Weltalls. Zum ersten M __ l verließ ein auf der Erde von Menschen hergestelltes Objekt unsere Atmosph __ re. Es w __ r der Sputnik, ein russischer Satellit.

Fünf Min___ten nach seinem Start begann der Sputnik, die Erde zu umkreisen, w___bei er einen lauten T___n von sich g___b, der auf der ganzen Erde geh___rt werden konnte.

Einen M___nat sp___ter wurde ein zweiter Sputnik gestartet, diesmal mit einer Hündin an Bord. Sie hieß Laika und w___r das erste L___bew___sen, das die Erde umkreiste.

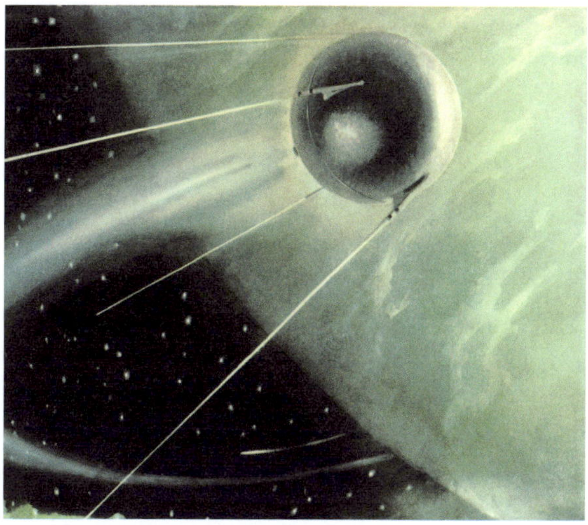

Sputnik I startet in den Weltraum.

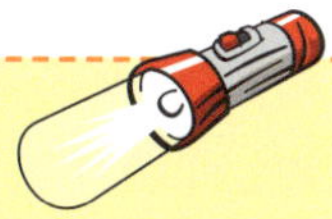

Auch einige Wörter, die ein lang ausgesprochenes **i** enthalten, werden mit einfachem Buchstaben geschrieben.

Beispiele: mi̲r, er gi̲bt, Apfelsi̲ne

SB **S. 372**

**4** Löse das folgende Rätsel.

| | | | | | | | | | | |
|---|---|---|---|---|---|---|---|---|---|---|
| getrocknete Weintraube | | | | | | | I | | | |
| das heilige Buch der Christen | | | | | | | I | | | |
| Stacheltier | | | | | | | I | | | |
| die Reste einer Burg | | | | | | | I | | | |
| pflanzlicher Brotaufstrich | | | | | | | I | | | |
| Raubtier | | | | | | | I | | | |
| Wintersportgerät | | | | | | | I | | | |
| ein klingendes Schulfach | | | | | | | I | | | |
| es lebt im Nil | | | | | | | I | | | |
| damit fährt das Auto | | | | | | | I | | | |

# Vokalverdoppelung nach lang ausgesprochenem Vokal

In einigen Wörtern werden die lang ausgesprochenen Vokale verdoppelt. Das i und das u werden jedoch nicht verdoppelt.

Beispiele: B**oo**t, S**ee**, H**aa**re

SB **S. 375 ff.**

**1** Schreibe die gesuchten Wörter auf. Sie werden alle mit **ee** geschrieben.

- Vierblättrig soll er Glück bringen: ____________________
- Im Winter kann man daraus einen Ball formen: ____________________
- Wichtiger Bestandteil der Straße: ____________________
- Nicht nur zwischen Europa und Amerika befindet es sich: ____________________
- Aus Kräutern hergestellt, hilft er bei vielen Krankheiten: ____________________
- Sportliches Wurfgerät: ____________________
- Getränk mit ff, aber darauf kommt es hier nicht an: ____________________
- Je nach Vorliebe wählt man sie mit Stachel oder in Blau: ____________________
- In diesem Zustand gehört die Flasche in den Glascontainer: ____________________

**2** Erfinde ein lustiges Gedicht, in dem einige der gesuchten Wörter von Aufgabe 1 als Reimwörter vorkommen. Denk an die Überschrift. Schreibe das Gedicht in dein Heft.

**3** Setze die passenden Wörter mit **aa** aus dem Kasten in das Gedicht ein. Einige Wörter kommen doppelt vor.

## Vom ____________ aus Dänemark

Es lebt' im ____________e Dänemark
Ein sehr beleibter ____________.
Der sprach: „Ich bin am Bauch zu stark,
Grad wie ein riesengroßer ____________."
Und stellt' sich auf die ____________.

„Von stark kann keine Rede sein,
Da sträubt sich mir das ____________.
Du bist zu dick, das ist's allein."
Frau ____________ sprach's laut und klar.
Das holt' ihn von der ____________.

| Staat • Waage • Haar • Saal • Aal |
| --- |

**4** Löse das folgende Worträtsel. Alle Wörter werden mit **oo** geschrieben.

| | | | | |
|---|---|---|---|---|
| ganz schön feucht und gefährlich | | o | o | |
| weicher Sitzplatz im Wald | | | | |
| Treffpunkt von Tieren und Menschen | | | | |
| Wasserfahrzeug | | | | |
| sehr dumm | | | | |

**5** Hier stimmt etwas nicht. Setze die Wörter in dem Kasten so zusammen, dass sinnvolle Ausdrücke entstehen.

Moorsuppe • Aalhuhn • Teetiere • Zookanne • Gummischnee • Pulverboot • Tanzbeere • Blausaal • Haarenge • Meerspange • Mooswurf • Speerbett • Personenungeheuer • Seewaage

______________________________________________

______________________________________________

______________________________________________

______________________________________________

______________________________________________

**6** Entscheide, ob es sich bei den fehlenden Buchstaben um einen einfachen oder Doppelvokal handelt und setze ihn ein.

- Im M**oo**s verl**o**r er seine H**o**se.
- Ein ___ sel frisst Kl ___ , trinkt aber keinen T ___ .
- Eine D ___ se voller L ___ se fand ich im M ___ r.
- Zunächst tanzte der H ___ se im S ___ l, später s ___ ß er im Gr ___ ben.
- Wenn ich ein Buch l ___ se, koche ich mir zuvor eine Tasse Kaff ___ oder eine Tasse Blaub ___ rt ___ .

# Lange Vokale mit h als Dehnungszeichen

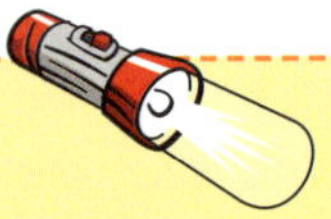

In einigen Wörtern steht hinter dem lang ausgesprochenen Vokal ein **h** als Dehnungszeichen.

Häufig folgt dem Dehnungs-h ein **l**, **m**, **n** oder **r**.
Beispiele: Za**hl**, Ru**hm**, Hu**hn**, O**hr**

Manchmal leitet das **h** hinter dem langen Vokal auch eine neue Silbe ein.
Beispiele: ge-**h**en, ru-**h**en, blü-**h**en

SB **S. 373 f.**

**1** Trage die folgenden Wörter in die passenden Spalten der Tabelle ein. Unterstreiche anschließend den langen Vokal und zeichne das Dehnungs-h und den folgenden Konsonanten farbig nach.

Zähne • Stuhl • Ruhm • bohren • Fehler • nehmen • Hühner • nachahmen • Rahmen • Sohn • Mehl • Uhr • strahlen • Lehm • Eisenbahn • Rohr • Lehrerin • angenehm • Bohne • mahlen • Kuhle • fahren • Bühne • Wahrheit • zähmen

| Dehnungs-h vor l | Dehnungs-h vor m | Dehnungs-h vor n | Dehnungs-h vor r |
| --- | --- | --- | --- |
| *Stuhl* | | | |
| | | | |
| | | | |
| | | | |
| | | | |
| | | | |
| | | | |

**2** Schreibe zu den folgenden Wörtern mindestens drei weitere Wörter aus der Wortfamilie auf.

- Zahl: *zählen,* ______
- Wahl: ______
- Lehrer: ______
- fahren: ______
- Höhle: ______

**3** Schreibe zu den folgenden Verbformen jeweils den Infinitiv (Grundform) auf und trenne dabei wie in dem Beispiel die Silben.

- er mäht: *mä-hen* ____________________
- es blüht: ____________________
- er näht: ____________________
- es zieht: ____________________
- sie geht: ____________________
- du siehst: ____________________
- sie steht: ____________________

**4** Trage die entsprechenden Personalformen im Präsens in die Tabelle ein.

| Person | stehen | fehlen | sehen |
|---|---|---|---|
| ich | stehe | | |
| du | | | siehst |
| er, sie, es | | | |
| wir | | | |
| ihr | | | |
| sie | | | |

**5** Schreibe zu den folgenden Verben die Personalformen im Präteritum auf.

| Person | nehmen | verzeihen | sehen |
|---|---|---|---|
| ich | | verzieh | |
| du | nahmst | | |
| er, sie, es | | | |
| wir | | | sahen |
| ihr | | | |
| sie | | | |

## Einfacher Vokal oder Dehnungs-h?

**1** In einigen Wörtern des folgenden Witzes fehlt ein **e** oder ein **eh**. Trage die entsprechenden Buchstaben ein.

### Das Landleben

Die L___rerin schreibt als Th___ma an die Tafel: Das Landl___ben. Der z___njährige Tim gibt s___r schnell ab. In seinem Heft st___t: Das L___ben auf dem Lande ist s___r lustig. Die kleinen Schweine l___gen das große Schwein auf die Seite und knabbern ihm die Knöpfe von der Weste ab. M___r weiß ich nicht.

**2** Überlege, ob du jeweils ein einfaches **a** oder ein **ah** in die Lücken eintragen musst. Verbinde anschließend die Wörter aus der linken Spalte mit den passenden aus der rechten und schreibe die Zusammensetzungen auf. Sieh dir die Beispiele an. Wenn du unsicher bist, schau im Wörterbuch nach.

| | | |
|---|---|---|
| S___ne | Fang | |
| R___t | Kissen | |
| M___l | Erfolg | |
| T___t | Arzt | |
| V___se | Schüssel | *Sahneschüssel* |
| B___n | Haus | |
| R___men | Sache | |
| W___l | Zeit | |
| W___l | Blumen | *Blumenvase* |
| Z___n | Gleise | |
| N___del | Bilder | |

**3** Hier geht es um **o** oder **oh**. Löse die beiden Wörterrätsel. Schau auch hier im Wörterbuch nach, wenn du dir nicht sicher bist.

- ihn erhält man für geleistete Arbeit
- dort hinein gehört der Ball
- dafür sind die Bienen verantwortlich
- Gemüsesorte
- er macht die Musik
- Brennmaterial
- Teil des Schuhs
- Behälter aus Blech
- Mitglied der Familie
- nachts am Himmel zu sehen

| | | | | |
|---|---|---|---|---|
| | O | H | | |
| | O | H | | |
| | O | H | | |
| | O | H | | |
| | O | H | | |

| | | | | |
|---|---|---|---|---|
| | O | | | |
| | O | | | |
| | O | | | |
| | O | | | |
| | O | | | |

# Der lang ausgesprochene i-Laut, mit ie geschrieben

Die meisten Wörter mit lang ausgesprochenem i-Laut werden mit **ie** geschrieben.
Beispiele: Z**ie**ge, l**ie**ben, v**ie**l

Manchmal wird der lang ausgesprochene i-Laut jedoch auch mit einfachem **i** geschrieben (s. S. 93).

SB **S. 373 f.**

**1** Schreibe die folgenden Wörter nach dem Alphabet geordnet in dein Heft.

Ziel • Dienstag • die • probieren • Spiegel • verlieren • dieser • Riese • kriechen • gießen • Frieden • schief • Stiefel • liegen • Biene • sie • genießen • Krieg • Fliege • Lied • diktieren • Spiel • niemand • sieben • Papier • schwierig • tief • kariert • riechen • viel • lieben • Riegel • sprießen • Wiese • Ziege

**2** Suche die Wörter aus Aufgabe 1 heraus, die sich reimen. Formuliere damit lustige Paarreime und schreibe sie in dein Heft.

*Zum Kaufhaus läuft die eitle Ziege.*
*Sie kauft sich eine neue Fliege.*

**3** Es gibt einige Verben, die die Präteritumformen mit **ie** bilden. Trage die fehlenden Formen in die Tabelle ein.

| Infinitiv | 1. Person Singular Präsens | 1. Person Singular Präteritum |
|---|---|---|
| laufen | ich laufe | ich lief |
| fallen | | |
| heißen | | |
| beweisen | | |
| schreien | | |
| rufen | | |
| halten | | |
| bleiben | | |
| treiben | | |

## Wörter mit ih

Mit **ih** schreibt man einige Personalpronomen und Possessivpronomen.

Beispiel: **ih**r, **ih**rer, **ih**rem, **ih**ren, **ih**m, **ih**n

SB S. 374

**1** Ersetze die unterstrichenen Wörter durch ein passendes Pronomen und schreibe diese Sätze in dein Heft.

- Jule schenkt <u>ihrem Freund</u> einen gelben Plüschbären.
- Jonas besucht <u>Lukas</u> im Krankenhaus.
- Die Schülerinnen und Schüler kaufen <u>dem Klassenlehrer</u> zum Geburtstag ein Buch.
- Paul spielt mit <u>Lisas</u> Hund.

**2** In dem Gedicht von Janosch fehlen mehrere Personalpronomen und die Buchstaben für die lang ausgesprochenen i-Laute. Trage sie ein.

**Janosch (geb. 1931)**

### Das L___besbr___f-Ei

Eine Henne verspürte große Lust
unter den Federn in der Brust,
aus L___be dem Freund, einem Hahn, zu schreiben,
er solle nicht länger in Düsseldorf bleiben.
Er solle doch l___ber h___r – zu ___ eilen
und mit ___ d___ einsame Stange teilen,
auf der ___ schl___f.
Das stand in dem Br___f.

Wir müssen noch sagen: Es fehlte ___
an gar nichts. Außer an Br___fpap___r.
Da schr___b ___ ganz einfach und deutlich mit Blei
den L___besbr___f auf ein Hühnerei.
Jetzt noch mit einer Marke bekleben
und dann auf dem Postamt abgegeben.
Da knallte der Postmann den Stempel aufs Ei.
Da war ___ vorbei.
D___ L___belei.

# Zeichensetzung

## Das Komma zwischen Aufzählungen

Zwischen den Teilen einer **Aufzählung** steht ein Komma, wenn die Teile nicht durch **und**, **sowie** bzw. **oder** verbunden sind.
Die Teile einer Aufzählung können aus einzelnen Wörtern, Wortgruppen oder Sätzen bestehen.

Beispiele: Ich mag Bananen, saure Äpfel, harte Birnen und Kiwis.
Lisa mäht den Rasen, Paul liest ein Buch und Anke macht ihre Hausaufgaben.

SB S. 354 f.

**1** Unterstreiche in den folgenden Sätzen die einzelnen Teile der Aufzählungen und setze anschließend die Kommas.

- Im Zoo haben wir Elefanten Löwen Kängurus Affen und Wölfe gesehen.
- Hunde beschnuppern gern Bäume Laternen und Hausecken.
- Ein gut erzogener Hund läuft an der Leine kommt sofort auf Zuruf wartet geduldig vor einem Geschäft jagt keinem Radfahrer oder Jogger nach und packt auch nicht den Briefträger an den Hosenbeinen.
- Schnauzer haben ein raues hartes und dichtes Haarkleid.
- Schnauzer sind friedfertig eher ruhig und bedächtig.
- Kaum eine Hunderasse ist so eng an Haus Hof und Familie gebunden wie der Spitz.
- Mit angeborenem Argwohn und lautstarkem Gebell bewachte er schon in früheren Jahrhunderten den Kahn des Schiffers den Pferdewagen des Fuhrmanns oder den entlegenen Bauernhof.

**2** Im folgenden Text fehlen die Kommas zwischen den Teilen einer Aufzählung. Setze sie. Es fehlen insgesamt acht Kommas.

### Windhunde

Schon vor Jahrtausenden stellten die Ägypter auf Denkmälern in Grabkammern an Felswänden und auf Schalen und Vasen Hunde dar. Diese Abbildungen gleichen unseren heutigen Windhunden. Dabei handelt es sich um Hunde mit langem schmalem Kopf mit einem biegsamen Körper und hoch „aufgezogenem“ Leib einem kräftigen Brustkorb und hohen sehnigen Läufen. Die Pharaonen schätzten diese schnellen ausdauernden Hunde. Der Wert der Hunde beruhte hauptsächlich auf der Geschwindigkeit beim Jagen. Über Steppengras und Wüstensand hetzten sie Antilopen Gazellen und anderen Tieren schnell wie der Wind hinterher.

# Das Komma bei Anreden und Ausrufen

Wenn du in einem Satz jemanden namentlich **anredest** oder einen **Ausruf** einfügst, musst du ein Komma setzen.

Beispiele: Anna, hast du an das Zeugnis gedacht?
Ach, das habe ich gar nicht gewusst!

SB S. 22

**1** Setze die fehlenden Kommas.

- O weh du siehst sehr schlecht aus!
- Achtung hinter dir steht jemand!
- Versteck dich hinter dem Hügel Meike.
- Lasst mich nicht allein bitte!
- Marvin steh bitte auf!
- Klarissa ich möchte nicht, dass du so spät nach Hause kommst.
- Für dich liebe Marie tue ich alles.
- Mein kleiner Bruder kommt immer mit leider.
- Ach dann bleibe ich lieber zu Hause.

**2** Setze auch in dem folgenden Auszug aus einer Erzählung die fehlenden Kommas. Es sind vier.

## Der Überfall

… Leise näherten wir uns dem Zeltlager. „Vorsicht da ist eine Baumwurzel!“, flüsterte ich den anderen zu. Astrid nahm das Bettlaken und bedeckte ihren ganzen Körper damit. „Suse du musst mich führen“, sagte sie mit dumpfer Stimme, „ich sehe nichts mehr.“ Suse nahm sie geräuschlos an die Hand. Nun erreichten wir den Zeltplatz. Alles war ruhig. Doch dann ertönte ein ohrenbetäubender Lärm. „O je man hat uns verraten!“, dachte ich bestürzt. In Windeseile waren wir gefesselt. „Suse, Martin und Astrid das war keine gute Idee, uns zu überfallen!“, lachte Karina.

# Das Komma in Satzgefügen

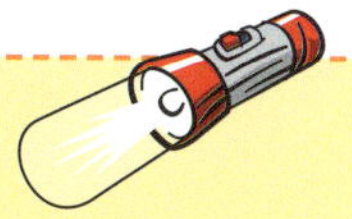

Die Verbindung aus einem Hauptsatz und einem Nebensatz nennt man **Satzgefüge**. Viele Nebensätze sind mit einer **Subjunktion** mit dem Hauptsatz verbunden. Solche Subjunktionen können sein: als, nachdem, weil, obwohl, bevor u. a.

Den **Nebensatz** erkennst du daran, **dass das konjugierte Verb am Ende** steht. Nebensätze können nicht alleine stehen.

Hauptsatz und Nebensatz werden immer durch ein **Komma** getrennt.

Beispiele: Das Spiel wurde abgesagt, weil es so stark schneite.
Der Schiedsrichter begutachtete den Platz, bevor er das Spiel absagte.
Viele Zuschauer waren gekommen, obwohl das Wetter sehr schlecht war.

SB **S. 58**

**1** Unterstreiche in den folgenden Sätzen den Nebensatz und setze das Komma ein.

- Vor dem Stadion gab es lange Staus weil viele Menschen das Spiel sehen wollten.
- Die Zuschauer kamen obwohl heftiges Schneetreiben vorausgesagt war.
- Sie waren enttäuscht als das Spiel abgesagt wurde.

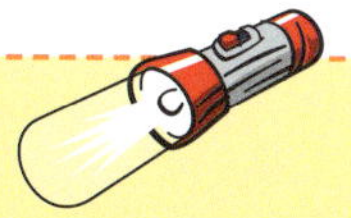

Ein Nebensatz kann vor dem Hauptsatz stehen oder hinter ihm. Manchmal kann er auch in den Hauptsatz eingefügt sein.

Beispiele: Das Spiel wurde abgebrochen, weil das Flutlicht ausgefallen war.
Weil das Flutlicht ausgefallen war, wurde das Spiel abgebrochen.
Das Spiel wurde, weil das Flutlicht ausgefallen war, abgebrochen.

SB **S. 58**

**2** Schreibe die folgenden Sätze jeweils in den anderen beiden Formen auf. Denke daran, die Kommas zu setzen!

- Manche Fußballprofis wollen in China spielen, weil sie dort viel Geld verdienen können.

- Obwohl die Chancen sehr gering sind, wollen viele Jungen Fußballprofis werden.

- Die Spieler wurden, nachdem Deutschland 1954 zum ersten Mal Fußballweltmeister geworden war, jubelnd empfangen.

**3** Jetzt wird es etwas kniffliger: Verbinde wie in dem Beispiel jeweils zwei Hauptsätze zu einem Satzgefüge mit einer Subjunktion und schreibe sie auf. Denke an das Komma zwischen Haupt- und Nebensatz.
Manchmal gibt es mehrere Subjunktionen, die eingesetzt werden können.

Beispiel:
Das Stadion ist ausverkauft. Viele Menschen wollen das Spiel sehen.
Das Stadion ist ausverkauft, weil viele Menschen das Spiel sehen wollen.

- Der Schiedsrichter zählt die Spieler. Er pfeift das Spiel an.

- Es gibt Elfmeter. Ein Spieler hat den Ball mit der Hand berührt.

- Der Auswechselspieler darf den Platz betreten. Der Schiedsrichter hat ein Zeichen gegeben.

- Der Linienrichter winkte mit der Fahne. Der Stürmer stand im Abseits.

# Diktate für alle Gelegenheiten

## Fünf-Minuten-Diktate

So könnt ihr mit den folgenden Kurzdiktaten üben:

- Diktiert euch gegenseitig am Anfang einer Stunde eines der „Fünf-Minuten-Diktate“.
- Wörter, die ihr falsch geschrieben habt, solltet ihr gesondert üben, indem ihr sie z. B. wiederholt aufschreibt oder die Wörterumrisse zeichnet.
- Versucht, die Schreibweise einzelner Wörter zu erklären, indem ihr gelernte Regeln und die Tipps, die in diesem Heft stehen, anwendet und euch die Schreibweise jeweils gegenseitig erklärt.
- Über den Kurzdiktaten stehen die Rechtschreibbereiche, um die es jeweils vor allem geht. Wenn ihr feststellt, dass ihr mit einem bestimmten Bereich besondere Probleme habt, wiederholt noch einmal die Übungen. Die Seitenzahlen sind jeweils angegeben.
- Einigen von euch wird es auch helfen, die kurzen Texte zunächst abzuschreiben. Natürlich nicht alle auf einmal, sondern immer nur einen, den ihr euch diktieren lassen wollt.

SB **S. 137 ff.**

### **s-Laute** (S. 87 – 91)

- Meerschweinchen fühlen sich / in einer großen Kiste / besonders wohl. / Sie sollte mit Sägespänen, / Heu oder Katzenstreu / ausgepolstert sein. / Außerdem benötigen sie / ein kleines Häuschen, / in dem sie schlafen können / und Unterschlupf finden.
- Meerschweinchen sind Pflanzenfresser. / Sie fressen Obst und Gemüse, / also Äpfel und Möhren, / Salat, Wiesenkräuter / und Getreide. / Zum Trinken genügt frisches Wasser. / Nasses Futter schadet ihnen.
- Meerschweinchen quieken, / wenn sie jemanden / begrüßen wollen / oder wenn sie Hunger haben. / Das heißt dann: / Habt ihr etwa / mein Futter vergessen?
- Meerschweinchen sind / keine zu klein geratenen Schweine, / wie ihr Name vermuten lässt. / Sie gehören / zur großen Gruppe der Nagetiere / wie das Kaninchen, / die Maus oder der Hamster. / Ihren Namen erhielten sie / von Seefahrern, / die die Tiere / nach der Entdeckung Amerikas / „über das Meer“ / mit nach Europa brachten.

### ***das* oder *dass*** (S. 78 – 80)

- Ob Katzen etwas mögen oder nicht, / das zeigen sie / ganz genau. / Werden sie zärtlich gestreichelt, / dann schnurren sie. / Das bedeutet: / Ich fühle mich wohl. / Stupsen sie ihre Menschen / mit dem Kopf an, / wollen sie spielen. / Legen sie sich gar / auf den Rücken, / dann heißt das: / Ich vertraue dir.

- Es ist allgemein bekannt, / dass Katzen / zwar in der Wohnung leben können, / aber viel lieber / draußen umherstreifen. / Das musst du bedenken, / wenn du dir eine Katze / ins Haus holen möchtest. / Wenn du keinen Garten / zur Verfügung hast, / solltest du dir / ein geeignetes Halsband besorgen, / das es in jeder Zoohandlung gibt.

## **Kurze Vokale** (S. 80 – 86)

- Jeder Hund braucht / seinen festen Platz im Haus / oder in der Wohnung. / Am besten ist/ ein flacher Korb mit Decke / oder einem waschbaren Kissen. / Er soll / an einer ruhigen Stelle stehen, / aber so, / dass der Hund / alles im Blick hat.
- Besonders junge Hunde / kauen gern, / um ihre Zähne / auszuprobieren. / Hunde lieben weiche Bälle, / Gummitiere, / ein Stück Holz / oder Pantoffeln. / Steine und Metall / schaden ihren Zähnen.
- Wenn ein Hund / ins Haus kommt, / braucht er ein Halsband / und eine Leine. / Außerdem benötigt er / einen Kamm und eine Bürste / für die Fellpflege. / Sein Futter muss / gesund und abwechslungsreich sein.
- An der Körperhaltung / kann man / die Stimmung eines Hundes erkennen. / Ein Hund mit eingekniffenem Schwanz / hat Angst. / Wenn der Schwanz / herunterhängt, / ist der Hund traurig.
- Wellensittiche sind / kleine Papageien, / die in der Natur / in großen Schwärmen / zusammenleben. / Sie sind sehr gesellig / und langweilen sich schnell / oder werden sogar krank, / wenn man sich zu wenig / mit ihnen beschäftigt. / Darum sollten / immer mindestens zwei Tiere / gleichzeitig angeschafft werden.

## **Lange Vokale** (S. 92 – 100)

- Hunde sind / die treuesten Begleiter des Menschen. / Sie sind sehr anhänglich, / gehorsam / und lernen eine Menge. / Hunde haben / sehr gute Ohren und Spürnasen. / Darum werden viele von ihnen / als Wachhunde gehalten.
- Wölfe sind Raubtiere, / die in Rudeln / leben und jagen. / Anführer eines Rudels sind / der Leitwolf und seine Gefährtin. / Auch Hunde brauchen ein Rudel. / Das ist die Familie, / in der sie leben.
- Hunde sehen / sehr unterschiedlich aus. / Sie sind klein oder groß, / haben spitze oder runde Schnauzen, / kurzes oder langes Fell / in vielen Farben. / Die meisten Hunde / werden heute / als Familienhunde / oder Begleiter des Menschen gehalten. / Darunter gibt es viele, / die besonders kinderlieb sind.
- Zwergkaninchen sind / stille Tiere. / Nur in großer Not / schreien sie. / Aber ihre Körpersprache zeigt, / was sie mögen. / Wenn sie sich anschmiegen / oder mit der Nase stupsen, / dann wollen sie spielen / oder gestreichelt werden. / Legen sie sich flach auf den Boden, / haben sie Angst.

# Der Jahrgangsstufentest

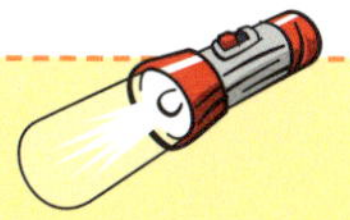

Am Anfang der Jahrgangsstufe 6 schreiben alle Gymnasialschüler einen **Jahrgangsstufentest**.

Mit diesem Test sollt ihr nachweisen, wie gut ihr den **Unterrichtsstoff der fünften Klasse** beherrscht. Ihr bekommt dazu einen Text und Aufgaben zu den Bereichen **Textverständnis, Ausdrucksvermögen, formale Sprachbeherrschung, Rechtschreibung und Zeichensetzung.**

Für die Beantwortung der Fragen habt ihr 45 Minuten Zeit; zusätzlich bekommt ihr fünf Minuten Zeit, um euch einzulesen.

Im Folgenden könnt ihr einen solchen Test einmal ausprobieren.

Am besten geht ihr so vor, dass ihr erst den Text **in Ruhe lest** und euch anschließend klarmacht, **worum es in diesem Text geht**. Lest den Text dann noch ein **zweites Mal**.

Fangt dann erst an, die Aufgaben **der Reihe nach** zu bearbeiten. Lest die **Aufgabenstellung** genau, damit ihr wisst, was ihr tun sollt.

Es kann schon einmal vorkommen, dass ihr eine Aufgabe nicht auf Anhieb bearbeiten könnt. Lasst euch dadurch nicht aus der Ruhe bringen. Geht einfach eine Aufgabe weiter und bearbeitet die andere Aufgabe später.

Vergleicht, wenn ihr alle Aufgaben bearbeitet habt, eure Lösungen mit denen im Lösungsheft. Wichtig ist, dass ihr euch genau anschaut, in welchen Bereichen ihr Fehler gemacht habt. Wenn ihr zum Beispiel merkt, dass ihr den Text nicht genau genug gelesen habt, dann ist es sinnvoll, noch einmal die Kapitel „Kleines Lesetraining“ und „Mit Sachtexten umgehen“ in diesem Arbeitsheft zu bearbeiten.

Heiko Kammerhoff

## Im Hospital der Falken

1

Ein Notfall! Jetzt muss es schnell gehen. Ärzte und Krankenschwestern eilen herbei, legen Skalpelle, Pinzetten, Bandagen, Spritzen und Salben zurecht. Sanft heben sie das Unfallopfer auf den Behandlungstisch. Es ist von einem Auto angefahren und überrollt worden. Kopf und Schultern sind gequetscht, sogar Gummireste des Reifens kleben noch an den Wunden. Die Chancen stehen schlecht. Ein Fall für Margit Müller. Die Leiterin der Wüstenklinik hastet in den Operationsraum. An die erschrockenen Augen der Verunglückten wird sie sich noch lange erinnern: „Es war, als wolle sie mir sagen: Hilf mir!“, erzählt die deutsche Tierärztin später. Seit 14 Jahren kümmert sie sich in Abu Dhabi um kranke und verletzte Falken. Das Wanderfalken-Weibchen, das heute auf dem Operationstisch vor ihr liegt, hat es besonders schwer getroffen. Sofort beginnt Margit Müller mit einer zweistündigen Operation.

2

Die Menschen in den Vereinigten Arabischen Emiraten verehren Falken. Oft behandeln sie die Greifvögel wie echte Familienmitglieder. Zweimal am Tag brauchen die Tiere einen „Ausflug“, sonst würden sie sich langweilen. Früher zogen Beduinen mit Falken durch die Wüste. Die abgerichteten, also dressierten Raubvögel halfen ihnen bei der Jagd. Dank ihrer scharfen Augen erspähen sie selbst kleine Beutetiere aus großer Höhe. Im Sturzflug sausen sie in die Tiefe und schnappen nach dem Fang. Heutzutage brauchen die Menschen hier die Falken natürlich nicht mehr, um ihr Essen zu besorgen. Die sogenannte Falknerei betreiben

sie aus Spaß. Und: weil sie damit Ansehen gewinnen. Die Jagd mit den stolzen Tieren wird mittlerweile als „Sport für Könige“ bezeichnet. Das liegt sicherlich auch daran, dass ein wertvoller Falke bis zu 25 000 Euro kostet. So viel blättern andere Leute für ein Auto hin. Klar, 3
dass die Tiere besonders gehegt und gepflegt werden. Und genau da kommt Margit Müller ins Spiel.

Mittlerweile versorgt die Tierärztin mit ihrem Team jährlich etwa 11 500 Falken – Weltrekord! Die meisten Patienten haben Infektionen, hervorgerufen durch Parasiten, Viren oder Bakterien. Andere Tiere verletzen sich im „Flugverkehr“: Sie brechen sich einen Flügel, verletzen sich am Schnabel oder an den Krallen. Manche verwunden sich auch im Kampf gegeneinander, andere krachen in Metallzäune und reißen sich dabei Schwanz- oder Schwungfedern aus, die von den Ärzten wieder eingesetzt werden müssen.

100 Mitarbeiter aus 16 Ländern kümmern sich im Hospital um solche „Pechvögel“. Zwei große Behandlungsräume, zwei Operationssäle, eine Intensivstation, eine Augen- und Röntgenabteilung gehören zur Klinik. Seit Kurzem gibt es sogar eine Aufzuchtstation für die Raubvögel. Dort sollen die Falken aufgepäppelt werden, um sie in anderen Ländern wieder auszuwildern, wo sie ausgestorben sind, etwa in Pakistan oder im Iran. Wie in einem Krankenhaus für Menschen betreuen die Ärzte in der Falkenklinik ihre Patienten rund um die Uhr. 4
Immer kann ein Notfall hereinkommen – so wie die Wanderfalken-Dame nach ihrem Autounfall. Nachdem sie die Blitzoperation überstanden hat, muss sie auf der Intensivstation gepflegt werden. Geräte überwachen die Atmung, den Herzschlag. Fünf Operationen später ist es geschafft: „Sogar das zerstörte Ohr haben wir wiederhergestellt“, sagt Margit Müller. „Nach zwei Monaten konnten wir sie entlassen. Das Schönste war die unglaubliche Freude ihres Besitzers, als er sie abholte. Nach ihrer Heilung konnte sie auch wieder auf die Jagd gehen.“

Für ihre Arbeit mit den Falken, dem Wappentier der Vereinigten Arabischen Emirate, wurde Margit Müller mit dem höchsten Orden des Landes ausgezeichnet. Darüber hat sie sich 5
natürlich gefreut. Viel wichtiger aber sind ihr die Tiere selbst. Und, na klar, auch sie hat einen Vogel: Nach Feierabend wartet ein Sakerfalke auf sie.

Vor der Falkenklinik in Abu Dhabi

# Kompetenzbereich I: Textzusammenfassung und Textverständnis

**1** Jeweils **eine** der folgenden Formulierungen erfasst den Hauptgedanken des Abschnitts am genauesten. Kreuze jeweils nur **eine** Antwort an.

**Abschnitt 1 (Z. 1 – 10)**
- ☐ Der Operationssaal in der Wüstenklinik
- ☐ Ein verletzter Wanderfalke
- ☐ Eine Klinik für Falken in der Wüste
- ☐ Ein Fall für Margit Müller

**Abschnitt 2 (Z. 11 – 22)**
- ☐ Verehrung der Falken in den Vereinigten Arabischen Emiraten
- ☐ Falken als Jagdtiere
- ☐ Der Wert eines Falken
- ☐ Verhinderung von Langeweile

**Abschnitt 3 (Z. 23 – 28)**
- ☐ Anzahl der verletzten Falken
- ☐ Hindernisse für Falken
- ☐ Verletzungen und Krankheiten der Wanderfalken
- ☐ Weltrekord der versorgten Falken

**Abschnitt 4 (Z. 29 – 41)**
- ☐ Ausstattung der Falkenklinik
- ☐ Die Intensivstation der Falkenklinik
- ☐ Auswilderung der Falken
- ☐ Betreuung der Falken durch die Ärzte

**Abschnitt 5 (Z. 42 – 45)**
- ☐ Ergebnis der Operation
- ☐ Anzahl der Operationen
- ☐ Der Falke als Wappentier
- ☐ Die Auszeichnung

**2** Welcher Abschnitt beantwortet die jeweils gestellte Frage am genauesten? Kreuze jeweils nur **eine** Antwort an!

**a)** Was für Behandlungsräume gibt es in der Falkenklinik?
- ☐ Abschnitt 1
- ☐ Abschnitt 2
- ☐ Abschnitt 4
- ☐ Kein Abschnitt

**b)** Wie lange kümmert sich die Ärztin Margit Müller schon um kranke und verletzte Falken in Abu Dhabi?
- ☐ Abschnitt 1
- ☐ Abschnitt 3
- ☐ Abschnitt 5
- ☐ Kein Abschnitt

**c)** Wo kann man Falken, die zur Jagd dressiert sind, kaufen?
- [ ] Abschnitt 2
- [ ] Abschnitt 3
- [ ] Abschnitt 5
- [ ] Kein Abschnitt

**d)** Welche Auszeichnung hat die Ärztin Margit Müller erhalten?
- [ ] Abschnitt 1
- [ ] Abschnitt 2
- [ ] Abschnitt 4
- [ ] Abschnitt 5

**e)** Welche Verletzungen erleiden die Wanderfalken?
- [ ] Abschnitt 1
- [ ] Abschnitt 2
- [ ] Abschnitt 3
- [ ] Kein Abschnitt

**f)** Wozu dient die Aufzuchtstation für Falken?
- [ ] Abschnitt 1
- [ ] Abschnitt 2
- [ ] Abschnitt 4
- [ ] Kein Abschnitt

Margit Müller mit einem verletzten weißen Falken

**3** Die folgenden Aussagen beziehen sich auf den Text, enthalten aber jeweils einen **inhaltlichen** Fehler. Verbessere diesen Fehler wie in dem Beispiel vorgegeben in der Zeile darunter.

Beispiel: Die Menschen in den Vereinigten Arabischen Emiraten ~~hassen~~ Falken.
verehren

**a)** Dank ihrer scharfen Augen erspähen Falken selbst große Beutetiere aus großer Höhe.

___

**b)** Dort sollen die Falken aufgepäppelt werden, um sie in anderen Ländern wieder einzufangen [...].

___

**c)** Die wenigsten Patienten haben Infektionen [...].

___

**d)** 100 Mitarbeiter aus 60 Ländern kümmern sich im Hospital um solche „Pechvögel".

___

**e)** Zweimal am Tag brauchen die Tiere einen „Ausflug", sonst würden sie die Flucht ergreifen.

___

**4** Kreuze an, welche Aussagen zutreffen. Nur **eine** Antwort ist jeweils richtig.

**Abschnitt 1 (Z. 1 – 10)**
- [ ] stellt Fragen an die Leser.
- [ ] informiert über das Leben eines Wanderfalken.
- [ ] führt den Leser anhand eines Beispiels in das Thema ein.
- [ ] beschreibt den Operationssaal der Falkenklinik.

**Abschnitt 2 (Z. 11 – 22)**
- [ ] beantwortet die Fragen des ersten Abschnitts.
- [ ] berichtet von der Bedeutung der Falken früher und heute.
- [ ] gibt weitere Informationen zum Leben eines Wanderfalken.
- [ ] informiert über die Geschichte der Falkenklinik.

**Abschnitt 3 (Z. 23 – 28)**
- [ ] informiert über die Flugkünste der Wanderfalken.
- [ ] knüpft inhaltlich direkt an den Abschnitt 2 an.
- [ ] widerspricht den Aussagen des ersten Abschnitts.
- [ ] nimmt das Ende des Textes vorweg.

**Abschnitt 4 (Z. 29 – 41)**
- [ ] enthält die wichtigsten Informationen zu den Wanderfalken.
- [ ] stellt das Problem des Aussterbens der Wanderfalken dar.
- [ ] bereitet die Leser auf den Schluss des Textes vor.
- [ ] informiert über die Ausstattung der Klinik und die Arbeitsweise der Ärzte.

**Abschnitt 5 (Z. 42 – 45)**
- [ ] knüpft an den ersten Abschnitt an.
- [ ] verwirrt den Leser durch einen unerwarteten Schluss.
- [ ] stellt kritische Fragen an die Leser.
- [ ] wiederholt die Aussagen des vierten Abschnitts.

**5** Überprüfe die folgenden Aussagen anhand der Broschüre oben und kreuze das Zutreffende an. Nur **eine** Aussage ist jeweils richtig.

| Aussage | richtig | falsch | nicht in der Broschüre enthalten |
|---|---|---|---|
| Bei den meisten Verkehrsunfällen in Berlin sind Fahrradfahrer beteiligt. | | | |
| Berlin hat das dichteste Radfahrnetz Deutschlands. | | | |
| Man kann sich vor Unfällen schützen, indem man das Fahrradlicht einschaltet. | | | |
| Die Broschüre gibt Tipps zum sicheren Radfahren. | | | |
| Die Broschüre wirbt für ein Fahrradgeschäft. | | | |

# Kompetenzbereich II: Ausdrucksvermögen

**6** Der folgende Text enthält **fünf** Ausdrucksfehler. Verbessere sie in der Zeile daneben, ohne den Sinn der Aussage zu verändern.

Fahrradfahrer sind oft an Verkehrsunglücken beteiligt. Deshalb ist es besonders wichtig, weise zu fahren. Vor allem müssen die Verkehrsanweisungen genau eingehalten werden. Ein Fahrradhelm schützt vor schweren Kopfnüssen. Das Fahrrad selbst muss fahrsicher sein.

**7** Setze in die Lücken der folgenden Sätze die zu den Wörtern gehörenden Vorsilben aus dem Speicher so ein, dass sich sinnvolle Aussagen ergeben.

ab • an • auf • aus • be • er • ge • miss • ver

**a)** Kranke oder verletzte Wanderfalken werden in der Wüstenklinik ____handelt.

**b)** Die Ärzte ____sorgen jährlich etwa 11 500 Falken.

**c)** Die Tierärztin Margit Müller wurde mit einem Orden für ihre Arbeit ____gezeichnet.

**d)** Oft werden Wanderfalken von Autos ____gefahren.

**e)** Wanderfalken ____spähen selbst kleine Beutetiere aus großer Höhe.

**8** Durch welchen Ausdruck kann der unterstrichene Begriff ersetzt werden, ohne dass sich der Sinn des Satzes ändert? Kreuze jeweils **einen** Ausdruck an.

**a)** Die abgerichteten Wanderfalken helfen bei der Jagd.
- ☐ dressierten
- ☐ verzogenen
- ☐ braven
- ☐ unterwürfigen

**b)** Früher zogen Beduinen mit Falken durch die Wüste.
- ☐ wanderten
- ☐ spazierten
- ☐ liefen
- ☐ schlenderten

**c)** Heute brauchen die Menschen die Falken natürlich nicht mehr, um ihre Nahrung zu besorgen.
- ☐ wahrscheinlich
- ☐ sicher
- ☐ selbstverständlich
- ☐ offensichtlich

**d)** Sie sehen es als ihr Hobby, Falken zu dressieren.
- ☐ ihre Aufgabe
- ☐ ihr Freizeitvergnügen
- ☐ ihren Beruf
- ☐ ihr Schicksal

# Kompetenzbereich III: Formale Sprachbeherrschung

**9** Unterstreiche in den folgenden Sätzen das angegebene Satzglied. Achte darauf, das Satzglied **vollständig** zu unterstreichen.

**a)** Fahrräder müssen zwei funktionstüchtige Bremsen haben.
(Akkusativobjekt)

**b)** An regnerischen Tagen ist das Fahrradfahren besonders gefährlich.
(adverbiale Bestimmung der Zeit)

**c)** Wanderfalken haben früher bei der Jagd geholfen.
(Subjekt)

**d)** Viele eingelieferte Wanderfalken sind an den Flügeln verletzt.
(Prädikat)

**e)** Die Ärzte helfen den verletzten Tieren.
(Dativobjekt)

**10** Unterstreiche in den folgenden Sätzen die Nebensätze. Achte darauf, die Nebensätze **vollständig** zu unterstreichen.

**a)** Weil ein dressierter Wanderfalke sehr teuer ist, können ihn sich nur reiche Leute leisten.

**b)** Die Falken, die in die Klinik eingeliefert werden, sind oft lebensgefährlich verletzt.

**c)** Nachdem der Falke fünfmal operiert wurde, ist seine Gesundheit wiederhergestellt.

**d)** Die Besitzer der Falken sind froh, wenn sie ihr Tier gesund wiederbekommen.

**11** Bestimme in dem folgenden Satz die Wortart der unterstrichenen Wörter. Nur eine Antwort ist jeweils richtig.

Die Menschen <u>in</u> den Vereinigten Arabischen Emiraten behandeln <u>ihre</u> Wanderfalken <u>oft</u> wie <u>echte</u> Familienmitglieder.

**a)** in
- ☐ Prädikat
- ☐ Zahlwort
- ☐ Präposition
- ☐ Nomen

**b)** ihre
- ☐ unbestimmter Artikel
- ☐ Personalpronomen
- ☐ Possessivpronomen
- ☐ Plural

**c)** oft
- ☐ Adverb
- ☐ Subjekt
- ☐ Singular
- ☐ Pronomen

**d)** echte
- ☐ Deklination
- ☐ Komparativ
- ☐ Adjektiv
- ☐ Verb

# Kompetenzbereich IV: Rechtschreibung und Zeichensetzung

**12** Im folgenden Text finden sich **fünf** Rechtschreibfehler. Verbessere sie in der Zeile daneben.

Der Wanderfalke ist der größte Vertreter in der familie der Falken. Er ist fast auf der ganzen Welt ferbreitet. Er gehörte zu den vom Aussterben bedroten Arten. Mitlerweile hat sich der Bestand aber wieder erholt. Man erkennt ihn im Flug an den langen, spitzen Flügeln und dem kurzen Schwantz.

**13** Setze in die Lücken des folgenden Textes **s**, **ss** oder **ß** ein.

Unter Falknerei versteht man da___ Abrichten von Falken für die Jagd. Man nennt die Falknerei auch „Beizjagd“. Beizen kommt von bei___en. Der Falke tötet seine Beute mit einem Bi___ in da___ Genick. Falken la___en sich nur schwer zähmen, man braucht dazu viel Geduld.

**14** Ergänze in dem folgenden Text die **fünf** fehlenden Satzzeichen.

Wenn der Wanderfalke eine Beute entdeckt hat stößt er im Sturzflug nach unten Neben Feldmäusen erjagt er kleine Vögel Reptilien und große Insekten Wer Falken halten will muss viel über diese Tiere wissen.

# Textquellenverzeichnis

(Die Ziffern in Klammern mit dem Zusatz „Lös“ verweisen auf die Lösungsbeilage.)

**S. 4–7, S. 80 f.** (S. 29 Lös): Erich Kästner: Die Konferenz der Tiere. Aus: Kästner für Kinder, Band 2, Büchergilde Gutenberg, 1985, S. 221 [© Atrium Verlag, Zürich]; **S. 19–20:** Ausgezeichnete Nachahmer. In: Geolino extra, Nr. 62, o. J., S. 22 ff.; **S. 21–22:** Der Fuchs. Aus: http://www.kindernetz.de/oli/tierlexikon/-/id=74994/vv=verhalten/nid=74994/did=82054/1n1zma5/ [10.04.2017]; **S. 23** (S. 5 f. Lös) „Welche Aufgabe hat das Skelett?“, **S. 24** „Das Eichhörnchen“, **S. 25** „Der Hund“ (bearb.), **S. 26** (S. 6 f. Lös) „Spechte sind Baumbewohner“, **S. 53** (S. 18 Lös) „Welpen“. Aus: Biologie heute 1 G, von Erich Strauß, Joachim Dobers, Joachim Jaenicke, Schroedel Verlag, Hannover 1987; **S. 32:** Bildlegenden zu „Ein Blumentopf-Insektenhotel basteln“. Nach: http://www.tivi.de/infosundtipps/selbermachen/artikel/38739/index2.html; **S. 41** (S. 14 Lös): Was heißt Omnibus auf Deutsch? Aus: Nikolaus Lenz: Das Buch der 1000 Kinderfragen, Löwe, Bindlach 1995; **S. 44:** Fredrik Vahle: Vom Schweigen der Indianer. Aus: Hans-Joachim Gelberg (Hrsg.): Großer Ozean. Gedichte für alle, Beltz & Gelberg, Weinheim/Basel 2006, S. 62; **S. 46** (S. 15 Lös): Schrecksekunde. Nach: Spiel, das Wissen schafft, Ravensburger Buchverlag, 1995, S. 131; **S. 48** (S. 16 Lös): Die Geschichte der Glühbirne. Aus: http://www.kindernetz.de/infonetz/thema/energie-umwelt/gluehbirne/-/id=60850/nid=60850/did=33098/1m39dff/ (bearb.); **S. 52** (S. 18 Lös): Tief durchatmen! In: Geolino extra, Nr. 62, o. J., S. 12; **S. 55** (S. 19 Lös): Vorwort zu: Des Freiherrn von Münchhausen wunderbare Reisen und Abenteuer zu Wasser und zu Lande. Nacherzählt von Erich Kästner, Atrium, Zürich 1951; **S. 56** (S. 19 Lös): Erich Kästner erzählt Die wunderbaren Reisen und Abenteuer zu Wasser und zu Lande des Freiherrn von Münchhausen, Cecilie Dressler Verlag, Hamburg, 1992, S. 43 f.; **S. 57:** Hans Joachim Schädlich: Der Sprachabschneider, Rowohlt Verlag, Reinbek bei Hamburg 1980; **S. 66** (S. 24 Lös.): Paul Maar: Land auf dem Sonntag. In: ders.: Dann wird es wohl ein Nashorn sein, Beltz & Gelberg, Weinheim und Basel 1988; **S. 67** (S. 24 Lös): Großer Schnauftest. Nach: F. A. Brockhaus AG in Leipzig: Kinderkalender 2002, Bibliographisches Institut, Lektorat Kinder- und Jugendbuch; **S. 79 f.** (S. 28 f. Lös): Wie gut hören Hunde? Aus: Peter Teichmann: Hunde, Tessloff Verlag, Nürnberg 1994 (leicht geändert); **S. 82** (S. 30 Lös): Günter Ullmann: Bevor ich meine Eltern ins Bettchen schaffe. Aus: Hans-Joachim Gelberg (Hrsg.): Überall und neben dir. Gedichte für Kinder, Beltz & Gelberg, Weinheim und Basel 1986, S. 173; **S. 82** (S. 30 Lös): Bruno Horst Bull: Komm in mein Haus. Aus: Hans-Joachim Gelberg (Hrsg.): Überall und neben dir. Gedichte für Kinder, Beltz & Gelberg, Weinheim und Basel 1986, S. 40; **S. 86** (S. 31 Lös): Hans Manz: Nachrichten aus den Königshäusern. Aus: Hans-Joachim Gelberg (Hrsg.): Überall und neben dir. Gedichte für Kinder, Beltz & Gelberg, Weinheim und Basel 1986, S. 74–75; **S. 91** (S. 33 Lös): Martin Auer: Über die Erde. Aus: Hans-Joachim Gelberg (Hrsg.): Überall und neben dir. Gedichte für Kinder, Beltz & Gelberg, Weinheim und Basel 1986, S. 286; **S. 92 f.** (S. 33 f. Lös): Die Eroberung des Weltalls. Aus: Lexa Katrin von Nostitz: Wer? Was? Wann? Wie? Wo? Interessante Fragen – spannende Antworten, Tessloff Verlag, Nürnberg 1995, S. 146 (gekürzt); **S. 100** (S. 36 Lös): Janosch: Das Liebesbrief-Ei. Aus: Hans-Joachim Gelberg (Hrsg.): Überall und neben dir. Gedichte für Kinder, Beltz & Gelberg, Weinheim und Basel 1989, S. 156; **S. 101** (S. 37 Lös): Windhunde. Aus: Peter Teichmann: Hunde, Tessloff Verlag, Nürnberg 1994 (leicht geändert); **S. 107 f.:** Heiko Kammerhoff: Im Hospital der Falken. In: GEOlino. Das Erlebnisheft, Nr. 10, Oktober 2015, S. 30–35.

# Bildquellenverzeichnis

|alamy images, Abingdon/Oxfordshire: imageBROKER 108. |Alexander Sell Fotografie, Nieder-Olm: 35. |Atrium Verlag, Zürich, Hamburg: Illustrationen von Walter Trier, aus: Erich Kästner, Die Konferenz der Tiere, © Atrium Verlag AG, Zürich 1959 81. |Berghahn, Matthias, Bielefeld: 2, 2, 4, 5, 8, 8, 8, 9, 10, 10, 10, 11, 12, 12, 13, 14, 14, 15, 17, 17, 18, 19, 20, 24, 26, 26, 27, 28, 29, 32, 33, 33, 37, 38, 39, 40, 41, 42, 44, 44, 46, 46, 46, 47, 48, 48, 49, 50, 51, 52, 52, 53, 53, 54, 57, 58, 59, 60, 60, 61, 62, 63, 63, 63, 64, 65, 67, 67, 67, 69, 70, 72, 77, 78, 80, 80, 82, 82, 83, 83, 84, 85, 85, 86, 87, 88, 89, 92, 93, 94, 94, 96, 99, 99, 100, 100, 101, 102, 103, 103, 105, 115. |Domke, Franz-Josef, Hannover: 7, 7, 13, 13, 13, 13. |Drescher, Heinrich, Münster: 59. |Fotostudio Henke, Paderborn: 28. |iStockphoto.com, Calgary: DanielPrudek 52; singularone 19. |juniors@wildlife Bildagentur GmbH, Hamburg: 101. |Kassing, Reinhild, Kassel: 53, 66, 74. |Picture-Alliance GmbH, Frankfurt/M.: dpa / Jones, Richard 48; dpa/Kwapik, Sabine 110. |Reinhard-Tierfoto, Heiligkreuzsteinach: 25. |S. Fischer Verlag GmbH, Frankfurt/Main: Illustration aus: Vom Leben in der Erde von Anne Möller © S. Fischer Verlag GmbH, Frankfurt am Main, 2017 erstmals erschienen 2007 im Sauerländer Verlag 22. |Shutterstock.com, New York: Hill, Chris 115. |Toms Bike Corner, Rosenheim: 112. |TV-yesterday, München: 93. |ullstein bild, Berlin: 4. |Verlag Friedrich Oetinger GmbH, Hamburg: Illustrationen von Walter Trier, aus: Erich Kästner, Die Konferenz der Tiere, © Atrium Verlag AG, Zürich 1959 4. |wikimedia.commons: WikiAnika/gemeinfrei 55. |Wildlife Bildagentur GmbH, Hamburg: Cole, B. 19. |Wypior, Veronika, Bad Driburg: 23. |ZDF GmbH, Mainz: 31, 32, 32, 32.